缤纷以色列

主 编 孟振华　副主编 胡　浩　艾仁贵

以色列创新农业

徐　新 著

南京大学出版社

图书在版编目（CIP）数据

以色列创新农业/徐新著.——南京：南京大学出版社，2022.7
（缤纷以色列/孟振华主编）
ISBN 978-7-305-25854-1

Ⅰ.①以… Ⅱ.①徐… Ⅲ.①农业生产-生产方式-研究-以色列 Ⅳ.① F338.24

中国版本图书馆 CIP 数据核字（2022）第 100828 号

出版者	南京大学出版社
社　　址	南京市汉口路22号　邮　编　210093
出 版 人	金鑫荣

丛 书 名	缤纷以色列
丛书主编	孟振华
书　　名	**以色列创新农业**
著　　者	徐　新
责任编辑	田　甜　　编辑热线　025-83593947

照　　排	南京新华丰制版有限公司
印　　刷	南京爱德印刷有限公司
开　　本	880×1230　1/32　印张3.625　字数108千
版　　次	2022年7月第1版　2022年7月第1次印刷
ISBN	978-7-305-25854-1
定　　价	30.00元

网址：http://www.njupco.com
官方微博：http://weibo.com/njupco
官方微信号：njupress
销售咨询热线：（025）83594756

* 版权所有，侵权必究

* 凡购买南大版图书，如有印装质量问题，请与所购图书销售部门联系调换

编辑委员会

主　任：徐　新

副主任：宋立宏　孟振华

委　员：艾仁贵　胡　浩　孟振华　宋立宏
　　　　徐　新　张鋆良　[以] Iddo Menashe Dickmann

主　编：孟振华

副主编：胡　浩　艾仁贵

总　序

　　以色列国是一个充满奇迹的地方。早在两千多年前，犹太人的祖先就在这里孕育出深邃的思想，写下了不朽的经典，创造了璀璨的文明，影响了整个西方世界。在经历了两千年漫长的流散之后，犹太人又回到故土，建立起一个崭新的现代国家。他们不仅复兴了民族的语言和文化传统，更以积极的态度参与和引领着现代化的潮流，在诸多领域都取得了足以傲视全球的骄人成绩。

　　中犹两个民族具有诸多共同点，历史上便曾结下深厚的友谊。中国和以色列建交已30年，两国人民之间的交往也日益密切和频繁，各个领域的合作前景乐观而广阔。赴以色列学习、工作或旅行的中国人越来越多，他们或流连于其旖旎的自然风光，或醉心于其深厚的文化底蕴，或折服于其发达的科技成就。近年来中文世界关于以色列的书籍和网络资讯更是层出不穷，大大拓宽了人们的视野。

　　不过，对于很多中国人来说，这个位于亚洲大陆另一端的小国仍然是神秘而陌生的。即使是去过以色列，或与其国民打过不少交道的人，所了解的往往也只是一些碎片信息，不同的人对于同一问题的印象和看法常常会大相径庭。以色列位于东西方交汇点的特殊位置和犹太人流散世界各地的经历为这个国家带来了显著的多元性，而它充沛的活力又使得整个国家始终处在动态的发展之中。因此，恐怕很难用简单的语言和图片准确地勾勒以色列的全景。尽管如此，若我们搜集到足够丰富的碎片信息，并能加以综合，往往便会获得新的发现——这正如转动万花筒，当碎片发生新的组合时，就会产生无穷的新图案和新花样，而我们就将看到一个更加缤纷多彩的以色列。

作为中国高校中率先成立的犹太和以色列研究机构，南京大学犹太和以色列研究所携手南京大学出版社，特地组织和邀请了多位作者，共同编写这套题为《缤纷以色列》的丛书，作为中以建交30周年的献礼。丛书的作者中既有专研犹太问题的顶尖学者，也有与以色列交流多年的业界精英；既有成名多年的资深教授，也有前途无量的青年才俊。每位作者选择自己熟悉和感兴趣的专题撰写文稿，并配上与内容相关的图片，用图文并茂的形式呈现给读者，力求做到内容准确，通俗易懂，深入浅出，简明实用。也许，每本书都只能提供几块关于以色列的碎片，但当我们在这套丛书内外积累了足够多的碎片，再归纳和总结的时候，就算仍然难以勾勒这个国家的全景，也一定会发现一个崭新的世界。

孟振华

2021年3月谨识

目 录

引子 …………………………………………… 001

一 基布兹——共产主义集体化模式

出现的社会背景和思想基础 …………………… 007
初创和发展 …………………………………… 018
基本准则和组织形式 …………………………… 026
经营方式和生活方式 …………………………… 035
成就 …………………………………………… 060
多样性 ………………………………………… 073
存在的不足和问题 ……………………………… 074
变化和生命力 …………………………………… 076

二 莫沙夫——合作互助模式

历史 …………………………………………… 086
章程 …………………………………………… 088
土地 …………………………………………… 089
生产和生活 …………………………………… 090
管理 …………………………………………… 092

成员费与财政保障 ·· 093
成就和贡献 ··· 093

不是结语的结语 ·· 095

参考文献 ··· 096

附录1　中以交往一枝春·· 097

附录2　南京大学黛安/杰尔福特·格来泽犹太和以色列研究所简介 ····················· 103

引子

众所周知，位于西亚的以色列绝对是世界上的一个小国，无论是按国土面积，还是人口数量计算都是如此。然而，在思想和科学技术创新方面，以色列却又是一个地地道道的"大国""强国"。"创新的国度"这一美誉对于以色列而言名副其实。尽管今天人们谈论的创新主要是科学技术和工业生产的成就，然而以色列现代史上最初的创新却体现在农业方面。

现代以色列立国的巴勒斯坦地区是犹太人的古老家园，然而，在现代以前，那里的自然环境十分糟糕，国土面积狭小、土地贫瘠、人口数量少，几乎没有什么自然资源，更为奇缺的是水资源。以色列这块曾被《圣经》描绘为"流着奶和蜜"的土地到19世纪末和20世纪初荒芜已久，寸草不生的戈壁荒漠和光秃秃的山地占据了大部分土地面积。从空中俯瞰，简直就是黄沙漫天、荒漠一片。20世纪前半叶，在现代以色列国建立之前，英国在巴勒斯坦地区的托管当局曾经严格限制进入该地区的犹太移民的数量，其重要原因之一是当局认为那里恶劣的自然条件根本无法养活更多的人。

在数百年来遭到人为忽视的荒凉的巴勒斯坦土地上，当时的人数不足百万，城镇的数量仅限于《圣经》中提及的，规模也极为有限，几乎没有任何工业可言，更不用说现代工业了，商业活动也仅仅限于

20世纪前的巴勒斯坦地区几乎是一处无任何植被的荒凉之所,19世纪末20世纪初犹太移民抵达时所见的地理景象大体如此。　　　　　　　　　　徐新 摄

人们日常生活的基本需要方面,可以想象,该地区的主要经济活动就是传统的农业和畜牧业。事实上,到20世纪60年代,以色列大体上仍然是一个农业国家,农业无疑是以色列地区经济的支柱产业,不但保障着人民生活的基本需求,提供足够的粮食、禽蛋奶肉,而且是吸纳和安置从世界各地来到巴勒斯坦地区的大量犹太难民、移民的重要支撑。因此,农业成为最早体现以色列创新思维和实践的领域也就理所应当了。

尽管犹太人自公元70年起就被罗马帝国赶出自己的家园,但他们从来没有停止过返回故土。每个历史时期,甚至每年都有犹太人或是出于遵守传统犹太教的诫命(要生活在圣地)的考虑,或是为了生活在上帝"身边",甚或是为了死后能够葬在故土,从流散地回到这里,但回归的人数寥寥无几,在大多数情况下每年不超过两位数。

不过,19世纪下半叶开始,伴随着犹太复国主义思潮的出现,犹太人回归故土的举动[该举动在犹太史上被称为阿利亚运动(Aliyah)]发生了巨大的变化,不仅人数和频率激增,还不断掀起有组织、有规模的回归潮。更为重要的是,这些回归的犹太人不再仅仅是为了遵守传统犹太教的诫命,或是为了生活在上帝"身边",又或是为了能够葬在故土这类与信仰观念有关的因素,而是为了实现犹太民族的复兴、重新建立一个"犹太民族家园"这样的宏大目标,也就是通过返乡,实现犹太民族的复兴,实现千百年来从未消失的复国梦。毕竟,犹太人在被世界强权逐出巴勒斯坦地区之前,在那里曾拥有过自己的家园。

在随后50年的时间内,回归故土以色列的阿利亚运动先后掀起过数个浪潮。有的浪潮影响深远,譬如,发生在1904年到1914年间的第二次阿利亚浪潮。在此期间,有大约4万主要来自东欧的犹太人来到该地区。这次移民潮应该说对巴勒斯坦地区正在蓬勃发展的犹太社区产生了深远的影响。本书关注的基布兹(Kibbutz)运动和莫沙夫(Moshav)运动就是阿利亚浪潮的产物。

在这期间出现的基布兹和莫沙夫可谓独树一帜,引人瞩目,被后人视为农业形态有史以来最重要的一种创新,在犹太人传统古老的大地上创造出了崭新的农业组织形态,并发展出一种集约型农业的现代化模式。它们的出现极大改变了传统的务农组织形态。用今天的眼光审视,可以说它们一开始就是一种全新创新思维的结果。

一　基布兹
共产主义集体化模式

20世纪初，回归以色列故土的犹太人开创了新型的农业组织形态——基布兹，基布兹运动把19世纪在欧洲出现和流行的共产主义理想变成了生活现实。按照犹太人的说法，基布兹之所以能够在巴勒斯坦地区出现并取得成功，外部原因主要是应对当时极其恶劣的自然环境和社会环境的需要。这符合需求刺激创新的理论。这一类似共产主义乌托邦式农业组织形态的成功创建，不仅使得初来乍到的众多移民能够找到一处安顿自身、融入群体并开始一种新生活的场所，而且改造了当地的自然生态环境，同时还锻造出一批国家的政治栋梁。20世纪50至60年代多数以色列领导人都曾经是基布兹成员的事实就是对它发挥了不同寻常作用的最好注脚。

最早出现的"基布兹"建立在"共同劳动，共同拥有，共同生活，人人平等，共同富裕"这类被认为属于共产主义理想的基础之上，在分配原则上则贯彻"各尽所能，各取所需"这一被认为是共产主义社会的分配原则。在这一理想和原则指导下，生活在基布兹里的人不再拥有任何私产，一切财产和生产资料为全体成员所共有共享；成员之间完全平等，大家一起劳动，共同生活。这一以集体生活为基本特征的基布兹社区体制对于初来乍到的犹太移民，对于在原居住地受到歧视、压迫、迫害从而作为难民前来巴勒斯坦地区的犹太移民，

最早出现的新大卫基布兹生活区原貌,现在已为露天博物馆。

对于大多数身无分文的犹太移民,显然是有吸引力的,为他们提供了一个起码是暂时的"家"。此外,这样一种犹太集体式社区在某种程度上还暗合了存在千百年的散居地犹太社区传统。1969年出版的英文版《犹太人百科全书》是这样描述基布兹的:"……一个志愿组合的集体社区,主要务农,在那里没有私人财产,它对它的成员及其家庭的一切需要负责。"

当然,除了基布兹外,当时的以色列还出现了另外一种农业组织体制——莫沙夫,这是一种类似合作社的农业组织机构,也在吸收、安置大规模犹太移民过程中发挥着重要作用。在本书稍后的部分,将对它做进一步的介绍。

以色列出现的基布兹最初带有强烈的共产主义理想成分,强调犹太民族的集体责任和思想家戈登提出的在土地上从事体力劳动的观念,主要是从俄国带来的共产主义思想成为早期移民的生活理念。在基布兹,"各尽所能,按需分配"的共产主义分配原则和"人人平等"思想被提到至高无上的地位。"劳动是人的第一需要"的观念在那里得到了坚守和弘扬。所有的事务都由成员集体决策、共同分享与承担,包括粮食、住房、收入和守护家园的责任。

以色列的基布兹以其独特的政治生态成为塑造无私为公献身精神的特殊场所。其在出现后的数十年,不但吸收、安置了成千上万来自欧洲的犹太难民,而且成为锻造以色列精英的"摇篮"。自1948年建国以来,最初40年担任政府总理一职的8位人士,其中4位来自"基布兹"。他们是本-古里安、摩西·夏里特、莱维·艾希科尔和果尔达·梅厄。以色列精英人物中有相当多的人要么生活在"基布兹",要么在那里出生。工党在执政的29年中,其内阁成员的1/3都来自"基布兹"。在以色列国防军中,许多高级将领原本也是"基布兹"成员,如曾任国防军总参谋长和国防部长的摩西·达扬,就出生在以色列第一个基布兹——德加尼亚。在独立战争时期,以军的11名统帅级将领中,8名是基布兹成员,其中摩西·达扬、伊茨哈克·拉宾、伊戈尔·阿隆、以色列·加利利、伊茨哈克·萨代等,都是威名远扬的一代名将。在1967年的第三次中东战争中,以色列30%的空军驾驶员和近1/4的陆军军官是"基布兹"成员。在这场战争中,以军阵亡778人,其中200人来自"基布兹"。

"基布兹"在希伯来语中的含意是"聚集"和"汇合",人们后来用它来称呼巴勒斯坦地区犹太人建立的一种"集体生活"模式的定居点(settlement)。在一些著述中,"基布兹"又称"克武查"(Kevutzah)。这是因为最初不少基布兹以克武查称呼自己建立的定居点。后统一称这类集体定居点为"基布兹"。基布兹也成为一个范畴词,指代以集体生活为主调的犹太农业定居点生活。

本书根据有关资料以及实地考察时获得的第一手材料对基布兹的思想来源、组织方式、成就影响以及百年的发展和变化进行全方位的探讨和呈现,以期对人们了解基布兹的历史和现状有所裨益。

出现的社会背景和思想基础

基布兹作为一种运动,它的出现与现代巴勒斯坦地区出现的一个接一个移民浪潮——亦称作阿利亚运动——有着密不可分的联系。从某种意义上来说,它就是这一连绵不断移民浪潮的产物之一。

第二次阿利亚浪潮发生在1904年到1914年间。在此期间,有大约4万犹太人来到以色列地区,他们大多来自东欧。这次移民潮对巴勒斯坦地区正在蓬勃发展的犹太社区产生了深远的影响。回归的人在巴勒斯坦地区北部加利利湖以南建立了第一个基布兹,取名为"德加尼亚"。后来成为以色列著名将领的摩西·达扬就诞生在该基布兹。基布兹的诞生意味着现代以色列地区标志性创新农业制度的建立。

基布兹运动最初是围绕土地开展的,来自世界各地的犹太移民的

犹太国民基金发出的号召犹太人捐款支持在巴勒斯坦地区购买土地的劝捐海报（希伯来语），以筹集更多的资金让回归以色列故土的犹太人有土地可以定居和劳作，并重新建立犹太人的家园，这是设立犹太国民基金的犹太复国主义运动初期的主要目标。

最大愿望，或者说唯一的愿望是：如何能够在人烟稀少、土地荒凉的巴勒斯坦地区，在被逐出近两千年的犹太故土上重新建设一个"犹太民族之家"。大量历史文献表明，现代以色列农业，特别是基布兹运动主要是依靠犹太国民基金从奥斯曼帝国不同卖家购买的土地蓬勃发展

随第一波阿利亚运动来到巴勒斯坦地区的犹太移民在地里耕耘。土地、资金等均出自犹太财阀埃德蒙·罗斯柴尔德家族。

起来的。犹太国民基金正是犹太复国主义运动正式开展后组建的一家为犹太民族重新在巴勒斯坦地区建立起"犹太国"服务的金融机构。

从19世纪80年代起，由于反犹思潮在欧洲，特别是在东欧和俄国重新抬头，对犹太人的歧视、迫害日益加剧，成千上万在那里生活了近千年的犹太人不得不选择离开，被迫逃离欧洲。尽管绝大部分人的逃亡目的地是北美（移民那里的人数到1920年就已经超过200万），不过，一些深受犹太复国主义思潮影响的犹太人还是选择巴勒斯坦地区作为迁徙的目的地，并试图在那里扎根定居，为实现建设一个犹太人家园的犹太复国主义运动目标贡献自己的力量。

当时巴勒斯坦地区的自然条件极为险恶，不少地方是"除了风、岩石和一片太阳烤焦了的土地之外，一无所有的荒漠"。

在这一情况下，外来的移民想单门独户在那里落户定居显然是十分困难的。更为重要的是，当时来自欧洲的犹太移民基本就不会种地，这与长期存在的反犹主义有直接关联。譬如，不允许犹太人拥有不动产和土地的歧视政策使西欧的犹太人自11世纪以来就基本上逐步与农业生产脱钩，成为城市人。而生活在东欧地区特别是俄国乡村的犹太人，虽然仍然生活在乡村，但从事的基本上是一些为农业生产服务的行当，而不是直接的农业生产。因此，如果把此时的欧洲犹太人描绘成一群脱离农业生产的城市化族群，应该是成立的。这些既缺乏农业技术和生产经验，又面临安全问题（周围敌视的阿拉伯人不断袭击

早年的犹太定居点环境景象,土地荒凉,基本见不到树木和植被,四处是沙砾,帐篷是拓荒者最初的住房。

"外来"犹太移民)的犹太人,大都倾向选择一种有组织的集体生活,以便相互间可以有照应和帮助。

事实上,早期(19世纪末)的犹太移民几乎人人都经历过"集体化"阶段。这兴许可以被看作基布兹的雏形。遗憾的是,这种"集体生活"的模式并不为当时热心组织犹太移民定居巴勒斯坦地区的犹太捐助人罗斯柴尔德家族所认可。他们由于得益于资本主义制度,对以"集体"观念占支配地位的共产主义思想有天然的排斥。由于他们的反对,随第一次移民浪潮(1882—1903)进入巴勒斯坦地区的犹太人逐渐放弃了早期的集体生活,转而成为自耕农。

不过,有组织的集体生活方式并没有失去其吸引力。在老罗斯柴尔德死后,特别是当第二次移民浪潮(1904—1914)席卷巴勒斯坦地区时,形式多样、程度不一的集体化定居点又开始增加。

尽管这种自19世纪80年代起就形成的集体化传统对基布兹的创立具有一定的影响,但是,基布兹作为一种创新农业形态的最终出现主要还是应当归功于在第二次移民浪潮中来到巴勒斯坦地区定居的犹太新移民的理想和奋斗。

这些选择前往巴勒斯坦地区的新移民与当地的老居民不一样。他们不仅年轻，富有理想，受过现代化教育，而且还受到当时欧洲各种新思想的熏陶。他们移民巴勒斯坦地区不仅是为了解决犹太人遭歧视受迫害的问题，而且是为了在一个崭新的社会基础上把这一地区建设成一个丰衣足食、人人平等并享有民族权利的犹太人家园。这可以被视为基布兹出现的社会背景。

当然，基布兹运动出现的真正原因在于一批犹太拓荒者的思想取向。在那些影响并决定这些拓荒者思想取向的众多因素中，有三种思想特别值得进一步探讨，因为它们的存在在总体上决定了基布兹运动的性质、基本准则、组织形态、生活方式和经营形式。

（一）共产主义思想

人类社会自古就有的大同思想，中世纪后期产生的空想社会主义思想，以及由马克思、恩格斯提出的科学社会主义（即本书所指的共产主义）思想，都是人类对美好未来的一种憧憬。马克思提出的社会主义思想把目标设定为：追求人类的自由、公正、平等，实现人类的彻底解放。社会主义的概念在19世纪30年代以后出现，最初，学者们使用"社会主义"一词来概括以往思想家所憧憬向往的社会制度。这一思想在19世纪的欧洲大陆曾得到广泛传播。

其实，犹太民族是人类历史上最早表达这种憧憬的民族，他们从信仰的角度提出了末世论思想。《圣经》宣称：在上帝的安排下，一个完美的世界终将在世界末日到来之际实现，公正和正义必将获得胜利，整个人类都将获得和平，各民族之间不再有纷争，世间万物都将和睦。犹太传统认为，生活的目标是在尘世间建立起一个公正、和平与繁荣的人类社会。犹太先知曾经不吝其详地描绘了最后得救的日子——理想社会的图景："日子将到，耕种的必接续收割的，踹葡萄的必接续撒种的，大山要滴下甜酒，小山都必流奶。"（《阿摩司书》第七章第十三节）那时举世和平，共享盛世，各民族放下武器，战争不再发生，也不再有压迫和迫害。正因如此，共产主义思想对在欧洲社会，特别是对生活在东欧被歧视、受压迫和迫害的犹太人有很大的吸引力。俄国十月革命爆发期间，有相当数量的俄国布尔什维克领导人都是犹太人,这一现象就很好地说明了这一点。

此外,那些来自欧洲的犹太移民一般受教育水平都很高,他们不可避免地更多受到社会主义思想的影响和熏陶。事实上,他们中的一些人还曾专门从事过研究和传播这些思想的工作。譬如,大批来自俄国的新移民就曾加入俄国的革命团体,致力于推翻沙皇政权的斗争。随着他们的到来,共产主义思想也被带入这一地区。例如,马尼亚·维尔布谢维茨·肖哈特和约瑟夫·特朗佩尔多就是两位深受俄国共产主义运动影响的犹太移民。他们不仅积极支持集体化,还根据共产主义的原则提出了实现集体化的具体意见,在当时产生了很大的影响。实际上,只要我们略微仔细考察一下基布兹生活的任何一个方面,都不难看出共产主义思想的巨大影响。

共产主义思想在基布兹的运用主要具体表现在两方面:财产公有共享和取消一切雇工剥削。

财产公有共享思想导致了"按需分配"原则的实行。无论是在早期基布兹艰苦的条件下,还是后来基布兹经济大发展后,按需分配原则一直贯穿在基布兹生活中。在基布兹,成员的一切物质需要均由基布兹集体提供:服装统一发放,并由洗衣房统一清洗;成员在公共食堂一起用餐;住宿也是由基布兹统一安排;孩子则是在儿童之家集体生活成长,有专门人员负责统一照看。

"劳动光荣"和取消一切雇工剥削的观念深入人心,这导致基布兹成员必须人人劳作,所有的工作必须大家分担、分工去做。劳动上升为基布兹成员的"第一需要",积极、主动、全心全意从事分配的任何工作、劳务。工作不再有贵贱之分,人人都是生产者。

(二)犹太复国主义思想

第一批移民与第二批移民(即创建基布兹的这批移民)相比较,后者不仅更多地受到共产主义思想影响,而且基本上全都是犹太复国主义运动的拥护者和参与者。毫无疑问,犹太复国主义思想是影响基布兹的又一重要思想,从头至尾人们都可以感受到犹太复国主义思想存在和具有的影响力,这是基布兹创建、发展、壮大的思想源泉之一。

众所周知，如果仅仅是为了逃避欧洲旧大陆对犹太人愈演愈烈的歧视和迫害，如果仅仅是为了追求新的美好生活，他们完全可以像其他族人那样选择巴勒斯坦以外的国家和地区，如当时绝大多数犹太人选择的北美等地区。然而，由于受到从摩西·赫斯到利奥·平斯克，再到西奥多·赫茨尔这些犹太复国主义运动奠基人的思想影响，数以万计的犹太人还是选择了巴勒斯坦，后来成为基布兹成员的犹太人更是如此。实际上，他们是为在巴勒斯坦实现犹太民族作为一

西奥多·赫茨尔，犹太复国主义运动的创始人、组织者和领导者。

个主权民族的伟大事业而来的。这正是犹太复国主义运动要实现的目标。

犹太复国主义思想除了在基布兹创建时期给人们以精神鼓舞，还在日后扩大基布兹规模的行动上发挥了更大的影响力。1897年8月29日，第一届世界犹太复国主义者代表大会的成功召开，标志着犹太复国主义运动已由一个分散的、自发的、地区性群众运动，发展成为一个有纲领、有组织、有统一领导的世界性政治运动。大会通过的《世

第一届世界犹太复国主义者代表大会会场。大会的成功举办标志着犹太复国主义运动的全面展开，其思想更是直接影响成千上万前往巴勒斯坦地区的犹太移民。

界犹太复国主义纲领》明确宣布：犹太复国主义运动的目标是"在巴勒斯坦为犹太民族建立一个由公共法律所保障的犹太人之家"。这一目标事实上成为基布兹的努力方向和奋斗目标。

1899年，犹太殖民托拉斯成立。该机构卓有成效地促进了巴勒斯坦的开发事业。1901年召开的第五届世界犹太复国主义者代表大会又决定成立犹太国民基金会，筹措资金用于购置土地和发展犹太人定居点。开发重建古老的故土成为犹太移民的中心任务。犹太民族朝着家园建设的目标迈出了坚实的一大步。

截至1914年，在犹太复国主义思想的影响下，直接投身犹太复国主义运动的犹太人已超过13万人，在巴勒斯坦地区建立起了43个犹太定居点。这一速度是前所未有的。可以说，现代犹太民族的根已经重新深深扎在了犹太人的故土上。在犹太人的故土巴勒斯坦地区建设一个犹太人之家，成为加入基布兹运动的犹太移民基本的目标。

出巨资支持犹太人返回故土、建设一个新的犹太人家园的罗斯柴尔德曾经这样对犹太开拓者说："既不是你们的贫困，也不是你们的需要才激起我前来救助的古道热肠。在这个地区，还有许多人比你们更贫穷、更需要救助。我也不是出于怜悯。你们要在我们先辈被抢夺走的这块土地上定居，要让离散的子女重返祖国，这种神圣的献身精神促使我来援助你们，帮助你们实现这桩事业，这桩对我们大家来说极为神圣的事业。"犹太复国主义思想的巨大影响可见一斑。

第一次世界大战爆发后，犹太复国主义运动领导中心已经从德国转移到英国。以英国犹太化学家、政治家哈伊姆·魏兹曼为首的领导层抓

号召全世界犹太人帮助建设巴勒斯坦的宣传画，可以看出农业劳动是主色调。

住时机，游说当时对中东和巴勒斯坦怀有野心的英国当局，通过艰苦不懈的努力，终于促使英国政府于1917年11月2日发表《贝尔福宣言》，赞同犹太人"在巴勒斯坦建立一个犹太人民的民族之家"。

《贝尔福宣言》的发表是犹太复国主义运动取得的一项重大外交胜利，也是犹太人返乡复国运动目标实现的真正转折点。

新一代领导人魏兹曼

在《贝尔福宣言》的鼓舞下，第三次阿利亚浪潮随即掀起。数以万计的犹太人回归以色列故土，他们特别是年轻人都希望为在巴勒斯坦建立一个犹太人民的民族之家出一份力。

可以看出，犹太民族在重建自己民族家园的过程中，走的是一条不同寻常的道路。动员生活在欧洲以及世界其他地区的犹太人回归故土，是当时犹太复国主义运动最重要的任务之一。尽管在这一过程中

英国外交大臣贝尔福与其亲手签发的《贝尔福宣言》信件

随第三次阿利亚浪潮来到巴勒斯坦的犹太人

困难重重,但是,应该看到运动动员犹太人回归故土的努力是卓有成效的。通过数次阿利亚浪潮,加上基布兹、莫沙夫农业定居点对新到移民的成功吸收和消化,巴勒斯坦地区的犹太人数量开始大幅增长。人数的大幅增长是犹太复国主义运动能够不断增强的根本保障,是犹太人家园得以建成的根本保障,更是以色列社会走向欣欣向荣、兴旺发达的根本保障。难怪,今天的以色列仍然千方百计动员散居在全世界的犹太人回归故土。

(三)回归自然思想

这里指的主要是犹太理论家阿侬·大卫·戈登(A.D.Gordon)的思想。

戈登也是来自俄国的犹太移民,亲自协助创建了第一个基布兹。他本人深受尼采、伯格森和托尔斯泰的影响,主张把回归自然的思想付诸实践。戈登认为,唯有通过在以色列土地上身体力行地劳动,才能治愈和净化犹太人回归祖国的心灵。他把这种劳动称为"希伯来劳动",认为"希伯来劳动"既是达到目的的途径和手段,也是目的之所在,因而就是生活的最高价值之所在。

戈登不是单纯的理论家,而是身体力行者,他在生命最后18年里都在巴勒斯坦从事农业劳动。他以极大的献身精神,几乎是以宗教式的虔诚在田地里和柑橘园里干活。他的榜样激励了许多身处艰难困苦中的年轻移民。因此在以色列,人们可以看到图像资料上的戈登是一个留着长胡子,身着农民服装,在"基布兹"的农田里弯着腰,双手拿着锄头干活的形象。他认为体力劳动具有绝对的道德价值,不仅有益于人的心理和精神生活,还有助于打破知识与经验之间的隔阂,是医治犹太人、社会和民族的良方。

长期以来,特别是18世纪启蒙运动之后的欧洲社会,在赋予犹太人以公民权的同时,不时指责犹太人是社会上的一个寄生民族。当然,这一指责与欧洲犹太人的职业倾向有关。众所周知,由于欧洲长期存在的反犹主义,许多领域不允许犹太人介入。譬如,由于不允许犹太人拥有土地和武器,犹太人事实上被剥夺了从事农业生产的权利和习武当兵的权利。犹太人由于被排除在中世纪以来出现的行会之外,很难开设工厂。由于犹太人在欧洲基督教社会通常会受到"最后一个被雇佣和第一个被解雇"的待遇,成为工厂工人的犹太人数量大大减少。这样,"工农兵"这社会最主要的三个领域均将犹太人排挤出去。

随阿利亚运动回归故土的犹太青年拓荒者,一边放牧一边学习希伯来语。

意第绪宣传海报,号召犹太人回归以色列故土,成为那里的建设者。

健康、自信的犹太拓荒者被塑造成人们心目中的英雄形象。

犹太人为了生计，只能从事直接生产以外的工作，如经商、借贷、医疗、会计等服务性行业，成为社会的中介阶层。这样，犹太人从事的工作便不再是"体力劳动"，而更多的是"脑力劳动"了。而在常人看来，他们就是社会的"寄生"阶层，是不劳而获者。从事脑力劳动的犹太人因此常常被指责为"非正常人"，被漫画丑化成一副"弱不禁风"的样子。正因如此，犹太思想家戈登倡导犹太人回归自然，与土地打交道，成为劳动生产者，从而把自身锻造成为"正常人"。他的这一倡导在犹太人中，特别是在犹太年轻人中，获得了很大的反响，成为那一时代犹太移民拓荒者行动的力量源泉。

戈登还认为人类参与创造活动（如耕种土地）可以避免人们脱离自然、脱离宇宙。戈登这一回归自然思想的传播和流行赋予了基布兹运动一种崇拜体力劳动的意识形态。在戈登思想的影响下，那些移民巴勒斯坦、建立基布兹的犹太人尽管没有任何农业生产的经验和技术，却仍然以极大的热情投入农业生产劳动，并最终用自己的双手获得了他们所献身事业的成功。

初创和发展

在以色列北部今德加尼亚地区出现的第一个基布兹建立于1909年，由一批原先在巴勒斯坦土地发展公司劳动的犹太青年拓荒者在约旦河东岸的一片土地上首先创建。这批移民到巴勒斯坦地区的年轻、有理想、有抱负的犹太拓荒者根据"共同劳动，共同生活"的原则

一　基布兹——共产主义集体化模式

德加尼亚基布兹流传下来的历史照片，可以看出基本上都是年轻人，并以男子为主。

独自经营这块土地，在解决集体生活中出现的雇工现象和孩子抚养等一系列矛盾的过程中，逐渐构建了基布兹这种农业组织形态。在经营的第一年里他们便获得了成功，人们把这片土地称作"德加尼亚"（Degania），在希伯来语中含义为"粮食产地"。从此，巴勒斯坦地区多了一个新的地名。

德加尼亚：第一个基布兹建立的故事

1909年，当时占据和统治巴勒斯坦地区长达400年的奥斯曼帝国尚未解体。从东欧波兰地区移民到巴勒斯坦地区的12位年轻人（包括两名青年女性）聚集在以色列北部约旦河谷南端加利利湖畔的一片沼泽地，被安排在巴勒斯坦土地发展公司经营的农场劳动。为了更好地生存，实现自己移民犹太故土的初衷和理想，这12位年轻人怀着"人人平等、共同劳动、共同生活"的理想自行组织起来，建立一个自己管理和经营的居住区社会。他们用泥土混合植物茎叶建造简易的泥屋，用当地的树木盖起简单的小木屋，开始了自己的集体生活。他们把这一社区起名为"德加尼亚"。由于德加尼亚为这群年轻人共有，在外人看来，这里犹如想象中的"乌托邦"一般。日后,人们开始把这种社区形式叫作"基布兹"。因此,德加尼亚享有"基布兹之母"的盛誉。

在德加尼亚基布兹的12位创始成员中,有一位叫巴纳兹(Baratz)的青年人,他的身世为历史所记录。他于1890年出生在乌克兰,长大后随父母移居东欧的摩尔多瓦。在16岁的时候,由于受到犹太复国主义思想的影响,巴纳兹不顾父母的反对,决定响应犹太复国主义思潮影响下犹太回归和建设犹太故土运动——阿利亚的号召,作为一名拓荒者移民巴勒斯坦。他和朋友乘船抵达当时巴勒斯坦地区的主要港口雅法港,然后独自一人在巴勒斯坦四处旅行,寻找适合自己的落脚点,没有了钱就靠打农业短工挣钱填饱肚子。在这一过程中,巴纳兹看到巴勒斯坦地区农业生产活动中存在的"雇工"和"剥削"现象,即不少土地拥有者通常雇佣当地无地产的阿拉伯人为自己劳动。这可是马克思主义批判的东西。

不久,他来到加利利地区,结识了一批同样来自东欧波兰地区的犹太青年,包括他未来的妻子米利暗(Miriam)和大舅子。交往中,他们发现相互之间有很多共同的理想和话语,于是就在加利利地区暂时留住了下来。显然,这是一群受共产主义和犹太复国主义思潮双重影响、怀着重建一个犹太人家园的梦想来到以色列故土的年轻人。

在相处的日子里,不少人表达了建立一个符合共产主义理想、切合犹太复国主义目标、能通过自己的劳动获得属于自己的生活居住地的愿望。这些理想主义者坐在荒芜的草地上,不拘一格地讨论自己的未来。经过一番思想交流,他们提出:"让我们建设这片土地,也让这片土地建设我们。"他们把共同生活的方式视为实现犹太民族获得主权和社会主义正义理想的途径,通过"聚集"在一起凝聚亲密的关系,更希望能够创建一个独立的移民村,为理想、平等、和谐的新社会奠定基础。那年是1909年,这一群满怀建设犹太人家园理想的青年人说干就干,自己动手真的建起了属于自己的社区,取名为上面提及的"德加尼亚"(现在该称谓已经成为以色列的一个地名)。以色列历史上的第一个基布兹就这样诞生了。

巴纳兹曾经对"德加尼亚"基布兹的创建缘由作过这样一番直白的表述:

"我们在这块土地上劳作,非常幸福。但是我们越来越觉得,这种陈旧的生产关系不是我们想要的。我们并不想这个国家变成这样子:犹太人高高在上,而阿拉伯人为他们劳动。我们的初心是,没有任何雇主和雇员的关系!这才是我们的理想。"

正因为如此,早期的基布兹是坚决反对雇工的(即便是在农忙时也必须是自己加班加点干活,而不雇人),人人都是劳动者,成员亲密无间犹如一个大家庭。

基布兹中的一对恋人,质朴纯洁得令人羡慕。

1912年,巴纳兹在德加尼亚与女友米利暗举办了婚礼。他们成为生活在基布兹的第一对有记录的夫妇。俩人的婚姻非常幸福美满,先后养育了七个孩子。所有的孩子日后都成为基布兹的成员。

"德加尼亚"所确立的新型生产关系和人际关系显然是具有吸引力的。在德加尼亚基布兹创办后不久,又有第二个、第三个基布兹陆续建立起来。一个新型的农业组织形态就此在犹太人的故土上生根发芽,发扬光大。

两年后,著名的梅尔哈维亚基布兹建立。犹太思想家弗兰兹·奥本海姆所设想的集体定居计划在那里得到了检验。基布兹逐渐被证明是一种切实可行的农业组织形态,并迅速在巴勒斯坦地区得到推广。到1914年,巴勒斯坦地区已出现11个独立的基布兹,四年后便达到29个。

早期的基布兹是为了实现"共同劳动,共同生活,人人平等"这一理想而建立的。德加尼亚基布兹的创办人之一约瑟夫·布塞尔就曾明确指出：建立基布兹的目标是"使我们能够主宰我们自己的命运，在人与人之间建立经济平等和地位平等的关系"。当时人们认为，要实现这一目标，基布兹的规模不宜太大，要小到能够像一个大家庭那样发挥作用。因此，它的成员往往只有几十名左右。为了保持基布兹的家庭特征，人们还常常特地地将较大的基布兹一分为二拆分开来。例如，最早成立的基布兹德加尼亚就曾在其成员增多时划分出部分土地，让一部分成员组成一个新的基布兹，称之为德加尼亚第二，以确保基布兹的体量不会太大。

如果认为当年的基布兹是天堂，是人间的乌托邦，那就大错特错了。事实上，当年基布兹的生活非常艰苦。日后人们在回忆当年的情景时有过这样的描述：

> 由于经济状况不佳，拓荒者的生活在头几年过得十分艰苦。来自移民开发署预算补助的那一丁点钱，除了应付日常需要，都花在农场设施、买牲口与农具、种植果树上了。永久性的住宅没有钱建，拓荒者继续住在帐篷和窝棚里，多年来一直这样。生活像无底的深渊。卫生设施及社会服务根本不存在，居住条件糟糕透顶，人们过于拥挤，一日三餐说不上有营养，只能填饱肚皮。只是靠了青年拓荒者的献身精神，要用自己的双手开拓这片民族的古老家园的决心，他们才克服所有这些艰难困苦，坚持了下来。

早年的建房图，可以看出条件的艰苦和生活设施的简陋。

然而，这种对基布兹的活动范围以及成员数量做出的限制与当时巴勒斯坦地区的形势发展以及犹太人的民族目标都是矛盾的。由于第一次世界大战的影

一 基布兹——共产主义集体化模式 023

今日德加尼亚基布兹的独栋住房，相当于人们所说的别墅了。门前陈列的是早年农具，成为呈现其历史的"古董"装饰。

基布兹使用过的农具　徐新　摄

响，欧洲反犹主义日益抬头，对犹太人的迫害愈演愈烈，越来越多的犹太人设法逃离是非之地，来到巴勒斯坦。第三次阿利亚浪潮（1919—1923）随之掀起，在这期间有3.5万人来到巴勒斯坦。目睹战争让欧洲变得满目疮痍后，第三波阿利亚成员建设家园的信心倍增，能够全身心积极投入建国前建设当中。已经在巴勒斯坦地区建立起来的犹太人自我管理机构——伊休夫开始发挥作用。移民的所有努力都与保证最终能够顺利建国、实现犹太人的主权联系在了一起。这批移民也是《贝尔福宣言》发表后第一批来到巴勒斯坦的人。他们明白自己正在投身的事业已经获得国际社会的认可，一个犹太家园正在向他们招手。

为了最大限度地吸收越来越多来自欧洲的移民，为了更快地发展定居垦殖大业，一些献身基布兹事业的人认为基布兹应该扩大规模，向每个想加入基布兹的人敞开大门，应该从事农工混合经济，而不应当只囿于纯农业观念。在这一观点的影响下，第一个大型基布兹于1921年在伊兹里勒谷地建立了，被起名为埃因哈罗德基布兹。

从理论上讲，基布兹成员并不拥有他们所耕种的土地，只拥有土地的使用权。早年的土地一般由在第一届犹太复国主义代表大会举行后设立的犹太国民基金会购置，用于安置世界各地前来巴勒斯坦地区的犹太移民。根据基金会章程的规定，土地一旦购得便不允许被再出售或转让他人，因为土地是以全体犹太民族的名义购置的，不得到全体犹太人的许可，是不得出售的。通常，犹太国民基金会将购置的土地租赁给来到巴勒斯坦地区的犹太移民群体。租赁时限通常是49年，不过，到期可以续租。虽说是租赁，实际上是无偿使用，因为所谓租金只是一谢客（以色列货币单位），完全是象征性的。不过，这一制度的设计确保了土地的所有权掌握在犹太国民基金会（以色列成立后，实际上掌握在国家）手中，不会丢失。因此，当犹太国民基金会在20年代发生财政困难时，基布兹的发展也就受到了严重阻碍。

不过，在这期间，三个连接和协调各基布兹的全国性组织却成立了。最早成立的是"克武查联盟"，成立时间是1925年11月。联盟所确定的宗旨是：积极接纳新移民，并使他们过上有保障的集体生活；根据克武查的原则来指导和管理克武查，使新的定居者具备现有成员

一 基布兹——共产主义集体化模式

当年使用过的农具和用于基布兹安保的瞭望台 徐新 摄

当年使用过的各种农业器械 徐新 摄

所具有的社会实践经验，以适应不断扩大的集体化运动。1927年4月，另一个全国性组织"全国基布兹运动"成立。该组织确定：所属的每个基布兹都实行内部自治，独立地、有组织地发展自身。它们的联系力量在于共同的思想意识和集体主义的普遍原则。为了确保基布兹的"可操作性"，便于集体经营管理，每个基布兹对成员数量均做了限制，开始为100—120人，后来扩大到160—180人。同年8月，"联合基布兹运动"成立。这是第三个全国性组织，由于它接受大基布兹的思想，不久便成了基布兹运动中最有生气的全国性组织。

在以后数十年的历史中，这三个组织经历了分裂—联合—再分裂—再组建的过程。到1963年10月，基布兹运动联盟重新组建成一个联合体，各基布兹组织都作为成员参加了该联合体。对外，它代表基布兹运动处理政治、金融等问题；对内，它协调农业、工业和服务行业的发展，制定文教计划，并研究和提出应对基布兹面临的各种社会问题的方法。

20世纪30年代是基布兹大发展的年代。生活在基布兹中的人员由1931年的4391人增加到1939年的16150人。基布兹的数量达到117个。从40年代起，基布兹经济状况全面好转，人民生活得到很大改善，机械化程度得到提高。到第二次世界大战结束时，基布兹总数已经达到149个。在1948—1949年这两年中，又增加了79个。以色列国成立后，基布兹基本上是在平稳中发展。尽管数量增长缓慢，但经济实力增长迅速。到2015年为止，以色列全国有基布兹260个左右，总人口约116000人，约占全国总人口的2.4%。

基本准则和组织形式

为了实现"共同劳动，共同生活，人人平等，和睦民主"的目标，基布兹长期以来一直坚定不移地执行自愿、平等、民主和财产共有四项基本准则。

这些准则不仅在很大程度上反映了基布兹的价值取向，而且对保持基布兹的生命力和促进其发展起到了极为重要的作用。当然，自愿、平等、民主、财产共有这四项准则的基本内容并非基布兹的创造，而是人类自古以来就有的大同思想的基本内容。然而，基布兹为确保这些准则得到实质性的贯彻而采取的一系列颇有特色和创意的具体做法是非同寻常的，应该受到人们关注。如果将其视为一种共产主义理想的实践，则应该给予其更多的关注和思考。

准则的贯彻

下面将具体讲述基布兹是如何实行和贯彻这四项基本准则的。这些具体做法是基布兹成功的根本，是犹太民族务实精神的体现。

（一）自愿原则

该原则指的是任何加入基布兹的人必须是基于本人的自觉自愿。

从一开始，基布兹就是一个犹太人自发性的组织形态，所有人都是自觉自愿者。后来对基布兹感兴趣、有意加入者也都是出自自己的内心愿望。事实上，除了创始成员，其他任何有意加入者必须自己提出申请。任何人、任何团体组织均无权代他人提出加入基布兹的要求或强制他人加入基布兹。基布兹由个体成员构成，在投票活动中，每个正式成员都有独立的一票。因此每个成员都必须单独申请加入，夫妻也必须单独分别提出申请，就连父母已是基布兹成员，并在基布兹中出生、长大的孩子也不例外。按规定，这些孩子在到达法定年龄（21岁）时须由自己决定是否加入基布兹，是否自愿成为基布兹的正式成员。

这里需要说明的是，在加入问题上，"自愿"并不是"自由"，并不是什么人都能够加入基布兹的，也不是想什么时候加入就可以什么时候加入。这里所说的"自愿"是对于申请者而言，至于最终是否能够加入，还必须得到基布兹大会（通过全体成员的投票表决）的批准。而且对于一般申请人而言，常常还会有一个为期半年或者一年的考察过程（或叫预备期），以确保新成员能够合群，有集体观念强和能够吃苦耐劳等基布兹人崇尚的品质。只有那些经受了考验并为基布兹大会批准（即为全体成员接纳）的人才能成为正式成员。唯一无须经历这一考察期的是那些在基布兹中长大的孩子。只要这些已经到达法定年龄的孩子自己提出申请,希望成为本基布兹成员,就会自动获得正式成员资格,不再有任何预备期。

为了进一步保证每一个生活在基布兹中的人在任何时候都是出于自愿,基布兹这一自愿原则还包括"自由退出"的权利。由于这一权利的存在,任何一个厌倦基布兹集体生活模式,希望生活中享有更多自由的人都可以随时随地声明退出,并有权离开。而且离社愿望的申请只需本人提出,无需经过任何人的批准立即生效。同时,不允许任何人对退出行动进行任何形式的阻挠。

许多学者都认为,这一原则的贯彻执行对于基布兹在和谐中发展极为重要,因为唯有自觉自愿生活在其中的人才能心情舒畅,遇到困难不气馁,心甘情愿在基布兹工作,并最大限度地发挥其主观能动性为基布兹的发展工作。

事实上,在基布兹的历史上,有数以千计的人在不同时期选择离开基布兹,其中最为人津津乐道的例子是后来成为以色列第一位女总理的果尔达·梅厄夫人。她于20世纪20年代加入基布兹,十多年后,由于"个性自由受到压抑",宣布退出。"自由退出"的权利确保每一位生活在基布兹的人是心情舒畅的。当然,还有不少成员因为从政,或者从事基布兹不能提供的工作,而离开基布兹。

而且,一旦一个人成为基布兹的正式成员,在任何情况下都不会遭开除,即便行为不端、好吃懒做或犯有过失的人也是如此。从理论上讲,基布兹不具有任何惩罚(包括断粮断水)的权力。唯一可以对行为不端或者不能与他人和谐相处成员的"惩戒"做法是"excommunication"(绝罚),即号召其他成员都不与之交往、说话,使其成为孤家寡人,直至其改正自己的不当行为为止,或者其自行选择退出,离开基布兹。

(二)平等原则

该原则指的是所有基布兹成员一律平等。

众所周知,主张人人平等是犹太传统的核心内容之一。因此,在基布兹,任何人一经批准成为基布兹正式成员,就同时享有任何其他成员所享有的一切权利。每位成员对基布兹实行的方针、政策、活动、生产、生活享有同样的表决权，无人拥有否决权。选举产生的基布兹领导成员亦不享有任何特权，无论是在事务的表决上，还是在生活的待遇上，都与其他普通成员一样。每个人都在同样的条件下生活，在同一餐桌边吃饭，都睡在相同的宿舍，普通成员与管理者之间没有任何隔膜。如果说在他们的工作，特别是杂务安排上有什么不同，就是在任职期间，不用像其他成员一样轮流去干基布兹中的诸如清理餐桌、清扫道路等日常公共杂活，以确保他们有时间和精力处理基布兹的公共事务。不过，他们一旦卸任，为其安排的第一份工作往往是清扫基布兹内马路，或者打扫餐厅一月。平等的原则在这一问题上仍然得到良好的贯彻。

由于基布兹实行的不是"各尽所能，按劳分配"，而是"各尽所能，按需分配"的共产主义分配原则，因此一个人的能力和贡献就不再是决定他本人享受的生活待遇和水准的标准。基布兹成员无论做什么工作，在什么岗位，其生活水准和福利待遇都不存在差别。所有物资的分配都无差别地一视同仁。

基布兹的平等原则还得到另一项规定的保证，即前面提及的基布兹不具有惩罚任何成员的权力。

在贯彻和实施人人平等这一原则方面，基布兹的许多具体做法是值得一提的。例如：对于一些传统观念认为低下的服务性工作，像帮厨、清洗餐具、打扫基布兹内卫生、清除垃圾之类的杂活，均采用轮值的办法，由全体成员轮流承担。这一做法不但能使人人感到平等，而且还有助于从思想上根除服务性工作低人一等的观念。一个人在享受其他人提供的服务时，也必须为他人服务。难怪在基布兹中到处可以看到"人人为我，我为人人"的风气。不因从事不同的工作而高人一等，或低人一等，真正做到了"革命工作不分贵贱"。

平等的原则还体现在物资的分配上。由于传统上基布兹中不使用货币，不计算每个人的劳动所得，成员的日常生活用品，包括住房、家庭用品等全都是配给，由基布兹根据需要统一分配给每一位成员。由于遵循的原则是按需分配，因此，需要便成为分配标准。譬如，早期在住房问题上，单身只能住集体宿舍，已婚的就可以住套间，而大家对这样的分配方式并没有任何意见。

在是否添置现代用品，如电话、电视机、电冰箱、电脑等问题上，必须考虑到所有人。譬如，在彩色电视开始普及时，基布兹必须首先测算总体费用，看看自身的财力是否足以同时为所有人安装，最后由全体成员投票决定。事实上，不少基布兹在配置彩色电视问题上是滞后的，究其原因还是财务方面的考虑——要配置必须是每家每户，不能是一部分家庭配置，而另外一部分不配置，或者延迟配置。其他物品的添置、分配无不如此。平等的原则得到最佳的贯彻。

平等的原则还体现在男女平等上。在工作分配问题上，并非以性别为出发点。女性突破了主要从事家务的传统，和男性一样拥有在田里干活和站岗放哨的权利。

（三）民主准则

它指的是基布兹内部任何重大决定都必须由基布兹大会直接表决做出。

前面已经提到，基布兹大会由全体成员组成，一人一票。由于它实行的是泛民主制，不存在集中的做法，因此大多数人的意志便是基布兹的意志。任何决定一经大多数人表决同意则必须付诸实施，当然，在投票表决之前少不了有一个讨论和辩论的过程，使大家明了该议题的实质。一切重大决定也只有在大多数人表决同意后才能实行。

基布兹的所有委员会和领导机构均由直接选举产生，并可随时罢免更换。除了秘书长之外，负责人的任期一般两至三年，任期一满就由他人接替，即使是工作干得十分出色者也往往是如此。这一做法是为了保证没有人因长期在位而自以为是，骄傲跋扈。

基布兹的这一民主原则执行得十分彻底，运用范围也很广泛。大到领导层的更迭，共同生活准则的制定，生产经营和生活方式的确定，新成员的接纳，小到某一生活用品的添置，文娱活动的安排，无一不是通过民主形式做出决定的。

基布兹的民主原则还体现在既尊重大多数人的决定，又保护少数人的立场。当某一提议为大多数人否定后，还可以在一定时间后再次提出，并要求其他成员讨论表决。如果此时被大家接受通过，就必须贯彻执行。

1988年，以色列发生了这样一个故事：一户人家新近申请加入一个基布兹，由于他们酷爱骑马运动，希望基布兹能够赊买一匹马。众所周知，添置马匹和日后饲养的费用是很高的，而且并不是所有人都喜爱骑马这项运动，因此，这户人家提出的建议遭到了否决。

不过，这户人家并没有气馁放弃，而是在后来的日子里不断向其他成员讲述骑马的乐趣和时尚性，并表示如果基布兹添置马匹，他们将承担马匹的饲养任务，并无偿教大家骑马，使骑马成为基布兹的一项集体爱好。他们这一番持续数年的游说显然起到了作用，终于在他们第三次提议添置马匹时，获得大家投票通过。后来，骑马竟然成为该基布兹中的一项时尚活动，而且他们还曾外出参加马术比赛并获奖。

（四）财产共有原则

它指的不仅是基布兹的所有财产为全体成员共有，还包括所有来自基布兹以外的收入亦由全体成员共享。

理论上讲，早期的基布兹成员是没有任何私产的。大家住着一样的房子，吃着食堂的大锅饭，生活必需品由基布兹统一供给。大家一起劳动，共同生活，就连身上穿的衣服也不属于自己。成员们每天收工回来洗澡，换下来的脏衣服只要扔进更衣桶就行，由专人统一清洗。洗完澡后，在更衣架上取已经清洗干净的衣服。只要尺码合身，穿上就是你的，直到第二天再重新更换。当然更没有任何私人经营，整个基布兹内严格遵守无货币这一基本原则。

传统上，分配给基布兹成员个人使用的物品如住房、家具、电器等耐用消费品，均被视为集体财产。在使用人离开或谢世后，这方面的财产不能被继承，也不能赠送他人，只能由基布兹收回处理。

随着时间的流逝，有时也有基布兹的成员到基布兹以外的地方工作。譬如，大学生毕业后可能进入大学工作，或者被政府部门招聘，技术人员进入科技行业工作。如果这些在外工作的成员仍然希望保持成员资格，那么，他们的所有收入则必须交给基布兹，成为基布兹的集体收入。通常是由雇佣部门直接把收入拨至基布兹的账户上。当然，在外工作成员的一切必要花费则可以百分之百在基布兹实报实销，同

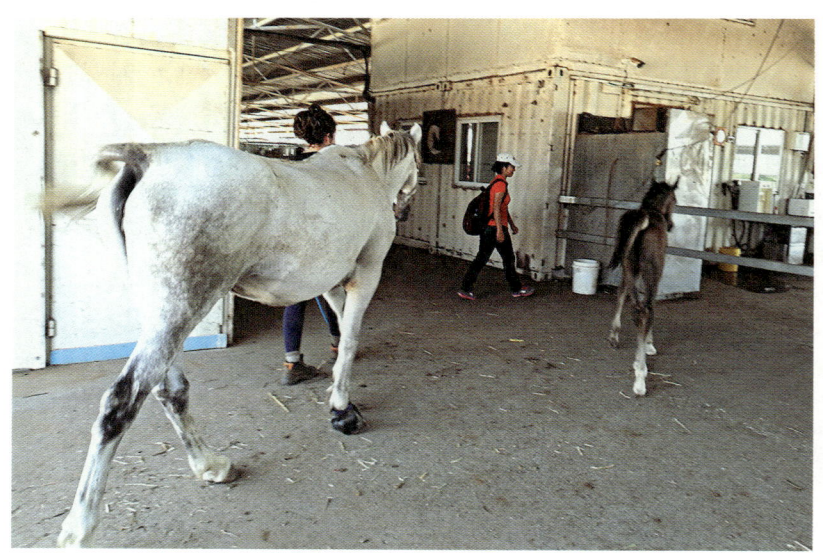

基布兹的马场　徐新　摄

马厩　徐新　摄

马具　徐新 摄

马场　徐新 摄

时，还可以领到一笔零花钱。

由于这一原则的全面贯彻，基布兹内基本不存在贫富不均现象，大家以同等的生活水平在一起生活。

组织形式——直接民主制

基布兹在组织形式上实行的是直接民主制，由全体成员直接投票表决。

基布兹大会是它的最高权力机构，由全体基布兹正式成员组成，每人一票。大会基本上是每周举行一次，通常是在周末晚餐后，在食堂举行，对有关基布兹的所有议题，或者成员提出的提议、动议、决议进行讨论，对需要做出决定的事宜进行投票，遵循少数服从多数的原则。大多数动议和决议只需半数以上赞成票即可通过。

基布兹大会不仅决定应该实行的政策方针，选举负责人，吸收新成员，而且监督基布兹管理委员会的日常工作。任何成员都有权提出针对基布兹事务的议案或动议，要求大会讨论和付诸表决。

基布兹的日常事务由选举出来的管理委员会负责管理。管理委员会下设各专门委员会。秘书处是常务机构，一般由秘书长、基布兹主席、财务主任、生产经理以及其他一些主要委员会主任组成。除了秘书长（相当于现代企业、公司中的首席执行官）是专职以外，其他所有秘书处组成人员均为兼职，包括基布兹主席在内，即不脱离每日的生产活动。秘书长的职责主要是负责各种用品的采购、产品对外销售及与外界联系的公共关系活动。秘书处主要对基布兹的经

基布兹全体成员会议

营方针、政策、生活、福利安排进行可行性研究,并向大会提出建议方案,同时负责处理落实各项已获通过的决议。

基布兹生产任务的安排由工作委员会负责,逐日或者每周在大食堂入口处的布告栏中张榜公布。确保每位成员了解自己当天或者本周的工作任务安排。

基布兹实行一种泛委员会制度,即设有各种各样的委员会,分管各项具体工作。各委员会主任也是通过基布兹大会选举产生。通常有财政、经济、教育、伙食、儿童教育、文体活动等委员会,也会为了某项特别的事宜成立临时委员会专门处理之。

经营方式和生活方式

基布兹是作为一个独立的经济实体存在于以色列社会之中的,除了按规定向国家交纳一定数量的税款外,不受政府的任何行政干预,自行从事生产经营,包括种植何种庄稼、开办何种农业生产以外的经营等。外部权力机构或政府部门均无权对其生产经营进行任何形式的强制性指导。

早期基布兹的经营方针基本上是力争自给自足,特别是在生活方面,自己需要的产品、用品一般均由自己生产,实质上是一种小而全的自然经济模式,尽管也有部分产品的生产是为了拿到市场上出售,以获得购买自身不生产但又是必需品的资金。

不过,随着社会生产的发展,基布兹在经营方针上早已改变了原先基本自给自足的生产模式,更多地注重生产效率和经济利益。它的许多生产活动不再仅仅是为了满足自我需要,更多的是为了出售,不仅出售到国内市场,而且有的还远销国际市场。有关资料表明:以色列出口到西欧和美洲的农产品大部分都来自基布兹。笔者参观过的一个基布兹,出于经济效益的考虑,已停止了从事几十年的柑橘种植和菜牛饲养业,而转向效益更好、收效更大的花卉种植业。这种变化实质上是在向专业化大生产方向发展。虽然基布兹对内实行的是供给制,不使用货币,但是对外仍然是按照市场规律,实行货币结算制。

基布兹进行的是有计划、有组织的劳动生产。工作安排根据生产实际需要与个人特长和爱好相结合的原则进行。那些有专长的人员总是会被优先安排到与其专长相关的岗位上，并在相当一段时间内稳定不变。这种尽可能合理利用成员能力的做法既使劳动者个人得到满足，又为基布兹集体带来了较好的经济效益。

在基布兹，由于存在劳动光荣的观念，劳动实际上像马克思主义所说的"上升为人的第一需求"。人人都需要工作，人人也都要求工作。由于实行的是供给制，没有人是在为钱工作。每个成员都自觉工作，积极参加生产劳动，为基布兹的发展做出自己的贡献。即便当上国家议员或者成为政府官员，或者在基布兹以外的部门工作，如在大学教书，在科研部门，只要他是基布兹成员，每年必须回来参加一段时间的劳动。

基布兹也有自己的退休制度。成员到一定年龄（通常是60—65岁）就不再需要工作，可以颐养天年。通常，基布兹也不再给这些人分配工作。不过，实际情况是，许多人到了可以退休的年龄，却仍然积极工作，要求每天给他们安排任务。曾有一位60多岁的老太太，在要自己参加工作的强烈要求下，被基布兹劳动委员会安排为收发员，每天负责分拣收到的邮件。而她一干就是20年，到了85岁还在勤勤恳恳工作。

前面已经提及，大部分回归以色列故土的犹太人既缺乏农业知识和务农经验，也从未干过体力活。可以说是不会种田的，在种田问题上没有经验可用。因为

拖拉机的使用

不会，大家都依赖技术指导，因此科学种田成为风气。基布兹更是根据农业技术部门每月印发的耕种指南小册子进行农业生产活动。

相信和依靠科学务农还体现在养殖业上。当地的奶牛产奶量很低，每年只不过产700—800公升。当犹太拓荒者了解到杂交品种可以大幅度提高产量后，开始引进荷兰良种公牛，与大马士革牛杂交，繁殖出一种杂交品种的奶牛。该品种的奶牛既能适应当地的气候，又能提高产奶量。当本地的鸡产蛋量很低时，就引进来亨品种，进行杂交，提高产蛋率。

尽可能多地使用机械也是基布兹经营的一个特色，即便是在早期也是如此。例如，在农田耕作、灌溉方面，不仅逐步实现了机械化、电气化，而且已开始实现电子计算机化。机械化和先进的科学技术在这里得到了广泛的应用，在降低劳动强度的同时，还极大地提高了生产效率。

基布兹实行的"共同劳动，共同生活"的原则和按需分配的供给制决定了它的基本生活方式是集体式的：集体居住，集体用餐，集体娱乐，集体抚养子女。

基布兹早期使用的拖拉机（陈列品） 徐新 摄

基布兹历史用品展示区　徐新 摄

背景是基布兹的农田　徐新 提供

多数基布兹的建设是有规划方案的，因此布局大体相似。基布兹分成几个部分：成员生活区、农场设施区（准放农具的仓库、鸡舍、羊圈、牛棚等）、大田或者车间区。位于中心区域的是成员生活区，除了住宅外，是各项公共设施，诸如广场、大食堂、犹太会堂、办公室、图书馆、商店等。在这以外的是体育和教育设施。周边则是农田、果园、养殖场和其他生产部门，如工厂、车间、仓库等。建设时还会考虑风向的因素，如防止粪尿的气味吹到住宅区。

（一）集体居住

早年基布兹中往往只设一处生活住宅区。由于当时条件有限，基布兹成员基本上住集体宿舍。未婚者按性别若干人合住一间，已婚者一对夫妇住一间。孩子则集中住在儿童之家。由于只有一间房，房间既当卧室又当起居室，并且只配有很少的家具，比如床铺、写字台、衣柜、书柜、椅子和台灯等基本生活用品。最初宿舍区的浴室、厕所、储藏室均为公共使用。

随着经济的不断发展，居住条件随之不断改善。数人合住和一家只有一间房的现象早已被多居室并带私人浴室的公寓或者独栋住房所代替。公共浴室、公共厕所和公共储藏室等设施基本上都被淘汰。不过，人们仍集中居住在同一个区域，方便成员的交流。

早期的住房，可以看出生活条件的简陋　　　　　　另一处早期住房

基布兹现代生活区一瞥　徐新　摄

（二）集体用餐

基布兹自成立以来一直采用集体用餐制，所有成员都在同一个公共大食堂用餐，这也是基布兹规模不能太大的原因之一。

集体用餐制的设计主要出于这样的考量：一是由于实行的是供给制，油盐酱醋需统一采购，饭菜花色品种需要统一配制。二是将人从繁重的备餐、洗煮之类的家务劳动中解放出来，个人不再需要考虑油盐酱醋问题，收工后就能够用餐。这样成员有更多的时间休息，从而有精力从事第二天的劳作。三是当年的宿舍并没有厨房等生活设施，做不到各家自己生火做饭。

鉴于这点，公共大食堂往往是基布兹中最大、最主要的单体建筑物。现在的大食堂内各种设备一应俱全，而且冬天有暖气，夏天有空调。食谱由伙食委员会统一制定，饭菜由公共厨房统一烹饪。烹饪好的饭菜按品种分别放入食品柜上的大盆子里，任人按需挑选食用，很像眼下流行的自助餐形式。用过的餐具无须每人自己洗涤，而是由在食堂服务的人员统一收集清洗。

大食堂的饭菜不仅数量充足,品种也很丰富。早期大食堂的饭菜质量也许不能算高,但是在数量上是一直有保障的,每位成员都能够按照自身的需要饱餐,而且每餐如此。

今日的大食堂,饭菜自取点　徐新 摄

读者可能会好奇:以色列的大食堂为什么能够成功存续下来?其实主要原因是管理和理性认识。由于基布兹是一个经济独立体,自负盈亏是人人都懂的道理。在生活特别是一日三餐的安排上,必须量入为出。基布兹的公共食堂从一开始就避免了无节制、无计划、不计后果地让大家敞开来吃的情况。基布兹的膳食委员会总是根据每年能够花费在膳食方面的预算,统筹计划安排每日的伙食。在经济不景气或遇到收成不佳的年份,可能降低伙食的质量,如减少每周吃肉的次数;但从不减少饭菜的数量,必须确保所有的人能够吃饱,以便有力气干活。

膳食委员会定期在基布兹大会报告一周或者一月的伙食安排,公布菜谱,努力让大家了解情况,并在征求成员意见的同时进行适当调整。譬如,在肉的行情上涨的情况下,是否可以用鱼代替等。量入为出是支出原则。

由于在吃的方面也是实行"按需分配",基布兹从来没有实行过定量制,也未采取过针对个人限量的做法。每个成员根据自己的饭量、爱好用餐。譬如,如果是吃肉日,供应的肉量必须能让所有人吃够,吃到自身"满意"的程度,而从没有过限制。由于大家都明白吃的都是自己的钱,因此形成了必须杜绝浪费的风气,个个都成了光盘主义者,不存在胡吃海喝和只吃不干活的现象。事实上,在过去的100年,从没有任何一个基布兹被人"吃垮"。

大食堂墙上的用餐旧照　徐新　翻拍　　大食堂负责收集餐具的工作人员　徐新　摄

（三）集体抚养儿童

以色列的基布兹从开办之时就实行儿童集体抚养制。事实上，第一个基布兹德加尼亚在成立之际就为集体抚养儿童进行了制度规划，预见到在劳动生产中吸收妇女参加的重要性。

在基布兹出生的孩子被视为基布兹大家庭的共同财产。抚养子女在基布兹内部不再被看作仅仅是父母个人的义务，做母亲的只要在哺乳期定时去婴儿室哺乳就行了。所有的孩子从出生一直到年满18岁（服兵役前），都是集中集体抚养。孩子出生后交育婴园，一年后转入托儿所，在4—5岁时进入幼儿园，7岁上小学，13岁之后搬进少年之家，18岁中学毕业后服兵役。其吃、穿、洗、换、照料、看管、教育，均由基布兹全权负责。基布兹设有专门的儿童委员会，负责处理儿童抚养的所有事务。由于长期过集体生活，同龄的小伙伴大部分时间一起学习、玩耍、睡觉，在基布兹中长大的孩子集体观念、平等意识极强，而血缘观念、家庭观念则相对较为淡漠。

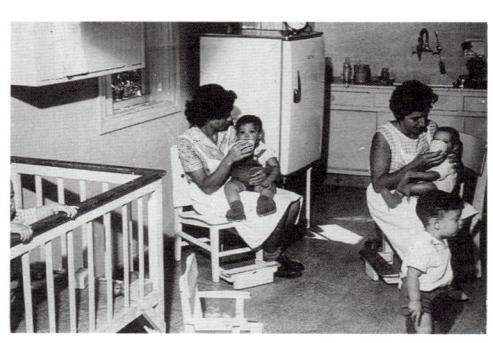

孩子集体抚养

最初，做妈妈的反对

这一做法,谁都不愿意放弃自己抚养孩子的权利。基布兹的做法是让做妈妈的人轮流照看基布兹的所有孩子。不过,一次由一两位妈妈照看,这样就使得其他母亲可以全身心投入农业劳动。这一最初由德加尼亚设计出的做法日后成为所有基布兹的育儿方式。

孩子集体抚养的考量主要有三:

一是彻底的共产主义观念。既然人不应该有任何私产,那孩子就应该包括在内。因此,在基布兹,孩子不再被视为个人的,而是基布兹集体的,集体的孩子理应由基布兹集体共同抚养。

二是当年的劳动毕竟是十分艰苦、繁重的,大田里的劳动强度通常很大。以色列作家S.D.雅费曾经这样描写过当年劳动的艰辛:

> 锄头不断碰到成堆的石头,锄片陷入稀泥之中,我无法把它拔出来。我竭尽全力,累得满身的汗,双手出满了泡,很快就破了。皮肤也蹭破了,血从伤口渗出来……我使出了全身的劲来干活,肌肉绷得紧紧的,弄得手脚都打颤,好像发疟疾一般。

而照看、喂养孩子就很可能影响做父母的休息,为了确保做父母的能够休息好,从而有精力从事第二天同样艰苦、繁重的劳作,集体

在沼泽地里干活

辛苦繁重的体力劳动

专门抚养被认为是解决这一问题的最佳办法。而且，在儿童之家工作的人是专职，有丰富的经验，孩子通常能够得到更好的照看。

三是为了从小培养孩子的集体主义观念。基布兹中所有的孩子按年龄分别住在婴儿室、幼儿园或青少年宿舍中，从一开始就过着集体生活，学会如何与他人相处。对以集体生活为主色调的基布兹运动而言，这一制度实际上是在培养基布兹的未来接班人。

后来的社会调查表明，在基布兹中长大的年轻人参军（由于以色列实行的是全民义务兵役制，每个年满18岁的青年人都必须服兵役）后不存在难以适应集体生活的问题。孩子也不在乎训练和作战的艰苦，而没有杂念的心理特征也使得他们比一般人更有拼搏意识和牺牲精神。

应当指出的是，基布兹对孩子的抚养一直是高水平、高标准的。孩子的伙食标准通常优于成年人。在成年人吃肉次数有限制的年代，孩子通常每天都会有荤有奶，以确保他们每天摄入的营养。它的婴儿室、幼儿园、学校都是根据儿童不同阶段的心理特别设计的。例如，幼儿园中的一切设备都按比例缩小。每个孩子的房间都有自己的名字，有自己的活动天地。

基布兹在抚养儿童的过程中特别注意对他们的教育。基布兹通常有自己的学校，如果人数少，则会将孩子们安排到邻近的学校学习。每个儿童都能受到同样的教育，除了接受普通教育外，还要学习承担社会义务的伦理和技能。

儿童之家，适合孩子身高的桌椅

运送孩子到户外活动的专车

一　基布兹——共产主义集体化模式

在基布兹学校上学的孩子

集体活动的孩子，身着统一的制服

学校的操场，孩子的体育活动

参加劳动的青年孩子

参加劳动的少年

基布兹的教育力求做到德智体劳全面发展。

道德教育是整个教育的重要一环。基布兹儿童从幼儿起就受到集体主义的道德教育，为的是使他们逐步树立权利和义务的观念，了解合作的价值，懂得劳动的意义。孩子从幼儿园开始就学着收拾自己的床铺，上小学的孩子从低年级起就开始在特别设计的儿童农场劳动。中学生在上学期间每天要工作1—2小时，假期中则要工作2—4小时，从事力所能及的劳动。

基布兹尽管实行孩子集体抚养制，但仍然会安排父母与孩子的亲密接触时间，以保持和培育父母与孩子之间的亲情。通常是每天收工后到晚餐前的时段，做父母的可以到儿童之家与自己的孩子在一起待上个把小时，与孩子尽情玩耍。

（四）集体处理家庭事务

在基布兹内，家务劳动基本社会化。由于集体就餐，人们用不着操心一日三餐涉及的米油盐酱醋和烧煮、洗涮的事。其余的家务活，如洗衣、修理、缝补、环境卫生等也都由专门部门处理，尽管是成员轮流负责。一些在其他社会形态下被认为是家庭事务的活动，如婚丧嫁娶、生日、结婚周年等，也都由集体承办，不仅服务周到，气氛也较个人承办隆重、活跃，而且当事人不用考虑开支的问题，因为所有费用均由基布兹承担。在准备过程中，个人几乎不需要做任何事。由于有专门委员会处理，谁也不会被遗忘、受冷落。应该说，生活在基布兹中的人已被最大限度地从繁琐的家庭事务中解放出来。

基布兹成员的生老病死均由基布兹集体负责。生病的人除了可以获得当时条件下最好的医疗，而且生活上会得到其他成员的良好照顾。逝世者无论是否有子女或亲朋，其后事也都会被处理得完美而妥帖。

（五）集体娱乐

了解犹太文化的人都知道，犹太节日众多，而且不少节日节期较长。筹办节日并不是一件轻松的任务。不过，在基布兹，所有的犹太节日庆典都由集体操办。不仅犹太人特有的节日，如安息日、新年、逾越节、赎罪日等,均由集体组织庆祝欢度,气氛热烈,规模宏大,而且犹太人一生中的重大庆典,如生日、成年礼、婚礼、葬礼等也都是集体操办。此外,许多其他娱乐活动,如看戏、看电影、看体育表演等,也都是集体组织安排。许多基布兹还建起了文化中心、咖啡馆

集体舞蹈

集体文娱活动

和俱乐部,经常举行晚会、舞会和游艺等活动,以充实人们的业余生活。

由于最初的基布兹以青年人为主,晚会、舞会和游艺等方面活动的举办使得他们的热情得到释放,载歌载舞的活动能够使他们忘掉一天的劳累,使他们对生活,特别是对未来充满信心。不少年轻人将这方面的活动视为自己渴望过上的先驱梦想生活的实现。

(六)防卫:对于安全的考量

长期以来,巴勒斯坦地区一直存在安全问题。人员的流动性大和社会组织的松散,再加上部落观的影响,使移民的安全通常很难得到保障。游牧匪徒的抢劫、攻击时有发生,移民必须学会自己保卫自己。正因如此,以色列基布兹运动从诞生的第一天起就不得不自行肩负防卫的任务。

20世纪初,随着越来越多犹太移民的到来,当地的阿拉伯人,特别是阿拉伯佃农,开始感到不安和恐慌。他们认为是新来的犹太移民抢去了他们的饭碗,夺走了他们的生计。而打算将大片土地出售给犹

带防卫岗楼的基布兹[早期小型基布兹"尼格巴"(Negba)],现今已经成为露天博物馆。

太人的阿拉伯地主,为了抬高地价,往往会辞退原先在他们土地上打工的阿拉伯雇工,以便购买土地的犹太人机构安置犹太移民。在这一过程中,失去租佃权利的阿拉伯佃农自然痛恨犹太移民,再加上巴勒斯坦地区阿拉伯上层反犹人士的煽动,巴勒斯坦地区出现越来越频繁的骚扰和袭击犹太移民的事件,对基布兹和其他定居点的暴力袭击屡见不鲜。为了保卫自身,免遭杀人越货、打家劫舍的武装分子攻击,基布兹自卫武装随之出现。男性成员,尤其是青年男子,组成民团,在从事劳动生产的同时,承担保卫基布兹不受袭击的任务。

犹太自卫组织的诞生或许可以被视为上千年来犹太人第一次克服世世代代遗传下来的恐惧与屈从,恢复自尊的表现(因为犹太人自1800年前被罗马暴力赶

男子格斗训练

早年基布兹的住处就耸立有用于防卫的安保岗楼

出自己的家园后,就一直不允许习武拥枪)。而来到以色列的青年拓荒者在这一点上表现得尤其积极,很快就组织起自己的民团。大家边开荒种地,边进行战斗训练,使得基布兹中的民团逐步发展成为一支特殊的武装力量。这在1948年以色列国成立以前尤为重要,因为英国托管当局通常并不尽力保护犹太移民的人身安全,且不允许犹太人私下拥有武器、组织武装,以防可能出现的武力反抗。

在以色列国成立之前,每个基布兹实际上都已经发展成为一个准军事组织,也都设法配备武器。他们平时生产,发生情况时守卫打仗。这使得基布兹从一开始就带有某种浓厚的军事团体色彩,肩负着保卫犹太人未来国家的战略重任。

事实上,面对复杂的斗争形势,有远见卓识的犹太复国主义运动领导人早在1921年就不动声色地创立了旨在保护基布兹和犹太人村庄的地下武装组织,装备各种可能得到的武器。该组织最初由纯粹的志愿者组成,职责是站岗、执勤、巡逻,以预防可能的袭击。通常是一面开荒种地进行生产,一面参加各种军事训练,应对各种可能发生的袭击活动,以实现保家护社的宗旨。

由于掌握巴勒斯坦地区托管大权的英国托管政府不允许犹太人习

武,所以许多军事训练活动是依托基布兹悄悄进行的。自我经营和管理的基布兹往往成为最好的挡风墙,是犹太民团生存、发展的沃土。

在奥斯曼帝国解体之前,基布兹中的民兵通常并不会引起奥斯曼土耳其人的警觉。在英国获得巴勒斯坦地区的托管权以后,犹太拓荒者则利用基布兹遮蔽英国人的耳目。不过,到20世纪20年代末,面对不断加剧的阿拉伯人暴力袭击以及1929年希伯伦犹太社团遭屠杀的悲惨现实,一个名为"犹太代办处"的机构宣告成立,开始注重发展犹太人的军事能力,除了购买外国军火,还自主生产武器。在一个不太长的时间内,民团组织"哈加纳"(Haganah,"防御"之意)就从未经良好训练的民兵组织,发展成组织良好、训练有素的地下武装力量。

经过多年的发展,哈加纳最终成为拥有20个分支机构共2.5万男女志愿者的犹太准军事组织。此外,伊休夫中的不同政党和派别还分别发展自己的武装力量,如工党直接指挥的帕尔马赫、修正派指挥的伊尔贡和斯特恩帮等。无论是哪个派别的武装,基布兹都是他们主要的训练场所;不少基布兹成员事实上还是这些武装组织的骨干分子。

到1946年,各派犹太武装力量人数的总和已达到7.5万—8万人。正是这一武装力量的存在,1948年成立的以色列国才成功地抵御了阿拉伯国家发动的第一次中东战争。以色列正式立国后,哈加纳名正言顺地转变成以色列国防军。

犹太复国主义运动领导人的高瞻远瞩,还体现在基布兹的布局上。建得越晚的基布兹,其战略布局的目的就越发明显。例如,1946年10月5日,在得知联合国内有不少人赞成在拟定的分治计划

哈加纳军事人员

基布兹中开展的格斗擒拿训练

把内盖夫①划给阿拉伯人后,犹太复国主义领导人迅速做出决定并采取措施,犹太人一夜之间在内盖夫建起了11个基布兹,造成一种既定事实的假象。实际上,基本上每一个新建的基布兹都只是建了一座水塔,搭了一些帐篷,住了一小队"哈加纳"民兵而已。最终,犹太人将这一大片荒原收入了以色列国的版图。

以色列建国以后新建的基布兹则绝大多数是依照以色列国防军项目建立布局的。该项目建立起的108家基布兹几乎全部坐落在以色列边境地区的战略要地上,基布兹成员相当于国防军的编外士兵。在历次中东战争中,特别是在那些以色列一时处境不利的战争(比如第四次中东战争,即赎罪日战争)中,这些基布兹都发挥了铜墙铁壁般的堡垒作用。

中国学者张平先生曾以一篇优美的散文描述了一个名叫尼格巴的基布兹在第一次中东战争(以色列称"独立战争")期间表现出的英勇事迹。该故事突出揭示了基布兹在防卫方面发挥的巨大作用,特引述如下:

> 1948年5月15日,随着以色列国建国宣言的发表,阿拉伯多国联军入侵新诞生的犹太国,第一次中东战争爆发。入侵的埃及大军沿地中海岸一路向北推进。6月初,他们在以色列南部的战略要地尼格巴,遇上了一个叫作"基布兹"

---

① 现以色列南部沙漠地区。

的东西，领教了什么是"基布兹人"。

尼格巴基布兹建于1939年。埃及军队到达时，这个基布兹的民兵一共只有70人，其中有10名女性。为了协防这个中部沿海平原的南大门，刚成立的以色列国防军基瓦提旅派来了两个排共70名士兵，与民兵一起组成了一支140人的防御部队。这支部队只有80支步枪，8挺机枪，200颗手榴弹，5门迫击炮，他们要迎战的是埃及1个满编步兵营，1个坦克连，1个装甲连，3门野战炮，以及大量的空中火力支援。

在埃及人到达的两个月前，已经预计到这场恶战的尼格巴基布兹的民兵开会商讨战术，代号"约押"的指挥官以撒·杜布诺只说了一句话："挖战壕！"随后基布兹就开始大规模兴建防御工事，把农庄修建成了钢铁堡垒。"约押"自己在开战前的一次空袭中试图拿步枪打飞机而阵亡，然而他留下的战术却起到了惊人的效果。

140名战士在深沟堑壕里躲过了埃及炮火和空袭的狂轰滥炸，然后毫不留情地阻击埃及步兵和坦克的进攻。6月和7月，尼格巴爆发了两场大战，每次埃及都投入了同样的兵力，第二次甚至完全包围了基布兹，然而无论怎样进攻，最远也就攻到防御阵地前50米的地方。尼格巴基布兹被炸得墙倒屋塌，百孔千疮，然而只要炮声一停，基布兹的战士们就从战壕里露出头来，开始顽强抵抗。最后，装备精良的埃及军队丢盔卸甲，在一群岿然不动的"基布兹人"面前仓皇逃窜，埃及的北犯计划就此被打上句号。整场战役，埃及军队伤亡400余人，尼格巴基布兹一方13人阵亡，27人受伤。

以色列基布兹从诞生的第一天起就带有浓厚的军事团体色彩，肩负着宏大的国家战略的重任。一个国家在另一个国家的内部从零建起，首要任务是以合法的经济形式跟土地建立起密不可分的联系，要做到这一点，农业是最顺理成章的选择。

农业并非目的，而是手段。但是在20世纪初，要使用这种手段并非易事，无论是购买土地所需要的巨额资金，还是开发农地所需要投入的大量艰苦劳动，抑或是抵抗杀人越货、打家劫舍的贝都因游牧匪徒的武装力量，都是单一的犹太家庭或者单纯的农民所承担不起的。要解决这些问题，需要的不是农民，而是一支特殊的军队，他们既能占领土地保卫土地，又不会引起奥斯曼土耳其当局的干预。于是基布兹应运而生。这个运动有社会主义的思想背景，发展过程中也受到共产主义思想的影响，但它在1910年诞生，比苏联的集体农庄早了至少20年的时间，最初的那些建立者参考的并非共产主义农庄，而是古希腊的斯巴达文明——一种用集体生活培养寡欲的人生态度、用高强度训练培养勇猛的战斗精神的军事贵族制度。

事实上，基布兹的军事性并不只体现在集体生活、军事训练和参加战斗上，而是从选址定位时起就优先考虑战略价值了。基布兹大多修建在易守难攻的地势上，房屋围墙的修建也都考虑到战斗时的军事用途，但这只是浅层面的事情。实际上，每个基布兹的位置选择，整个基布兹网络的地理分布，都是国家开疆拓土的宏大战略的一部分。像尼格巴这样的基布兹，绝对不是凑巧修建在连接南北的战略要地上

哈尼亚基布兹军事训练的场面

的。可以说，在埃及人进攻的十年以前，犹太国的战略家们就预计到这场战役，并在这里埋下了一支精兵。

　　如果从1920年的生命岭之战算起的话，阿以冲突至今已整整100年。在这100年中，以色列共阵亡23000余名官兵，其中3067名是基布兹人。基布兹人在历次关键战争中的阵亡比例都高得惊人。1948年的独立战争中，基布兹士兵的阵亡比例是10%，高出一般人群的6.6%。1967年的六日战争中，以色列国防军阵亡780人，其中有190名基布兹人。1973年的赎罪日战争中，基布兹阵亡士兵占了阵亡总数的18%。考虑到基布兹人占以色列犹太人口的比例最高时不过6.5%（今天只有1.8%），说基布兹人比一般以色列人勇敢几倍，恐怕没人能够否认。

　　但勇敢还只是事情的一个方面。基布兹人不仅比一般以色列人勇敢，也远比一般以色列人更富有军事才能。在独立战争时期以军的11名统帅级将领中，8名是基布兹人，其中摩西·达扬、伊茨哈克·拉宾、伊戈尔·阿隆、以色列·加利利、伊茨哈克·萨代等，都是威名远扬的一代名将。基布兹人不仅出战将，而且也出精兵。在以色列精锐野战军、伞兵部队、战斗机飞行员中，基布兹人的身影随处可见，其比例和表现都远超常人。以色列国防军不仅想方设法招募基布兹士兵，甚至还为基布兹士兵制定了专门的培训计划和服役安排。1953年8月，阿里尔·沙龙组建101部队，这支国防军"精锐中的精锐"在其高峰时有50名士兵，其中33名是基布兹人，该大队后来与伞兵部队合并，结果新部队的骨干军官几乎全是基布兹人。

　　从某种意义上来说，基布兹人杰出的军事才能并非令人惊奇的事情。考虑到基布兹作为军事组织的基本性质，基布兹的孩子可以说就是在军事单位里成长起来的，就是为军事生活而培养的。他们从小就过集体生活，十三四岁就开始参加劳动，养成吃苦耐劳的品性。因为没有私有财产观，基布兹人在心理上普遍寡欲，很少有执念，很少因为迷恋什么东西而不能自拔。因此，基布兹人参军后能很好地融入集体，在参军、作战时均能心无杂念、殊死拼搏。

与国家历史和发展联系在一起的斯德伯克基布兹

在以色列内盖夫贝尔谢巴市以南约 40 公里处,有一处面积不大却非常出名的基布兹——斯德伯克。它的成员只有几百人,但却与以色列国家历史联系在一起,与以色列第一任总理本-古里安晚年生活紧密联系在一起。以本-古里安名字命名的大学——本-古里安大学有一个校区就在斯德伯克地区。该校园的景色算不上很美,但绝对非常有特色。在校园内经常会看到羚羊和小鹿,偶尔也会看到其他小动物。校园的北部是一处峡谷,若是在晴朗的夜晚沿着山边散步,会看到许多星星。如果有兴趣的话,还可以下到山谷里,在那里欣赏皎洁的月光,喝着啤酒,听着、唱着美妙的歌曲,绝对是一种享受。

离本-古里安大学校园 1 公里处便是本-古里安在斯德伯克基布兹的故居。

本-古里安故居坐落在一排不起眼的平房里。这是一套三室一厅的普通民宅,每个房间都不大,陈设也十分简单,但看上去十分温馨。唯一特别的地方是窗口很小、位置较高。据说这么设计是为本-古里安的安全考虑,高而小的窗子可以预防刺客射入的子弹。

现在,该房子已经成为纪念馆。房间的布置基本保持了本-古里安逝世前的样子,里面有近 20000 本书籍,还有其与世界领导人的通信。

本-古里安自第一次退出政坛后便正式加入了斯德伯克基布兹,成为基布兹成员的本-古里安完全生活在那里。时间安排是半天喂羊,半天处理相关事务和接待来访者,毕竟他当了多年的政府总理。本-古里安后来曾经一度复出重任以色列总理,但他从来没有宣布退出基布兹。

本-古里安之所以选择加入位于内盖夫的斯德伯克基布兹,是因为他相信,尽管当时的内盖夫在很大程度上是一片荒漠,属于以色列最不发达的

以色列第一任总理本-古里安

本－古里安在斯德伯克基布兹的故居

地区之一，却代表着以色列的未来和希望。广袤的内盖夫在为面积狭小的国家提供一大片极其难得的空间的同时，代表着犹太人坚韧不屈的斗争精神。以色列人有一个别称——沙漠中的仙人掌，表达的就是这一层意思。

榜样的力量是无穷的。本－古里安之举极大鼓励了以色列民众到内盖夫生活扎根的热情，特别影响到以色列的青年一代。越来越多以青年人为主的定居点随之建立起来。荒凉的内盖夫终于走上了现代化发展的道路，在绿色经济方面发挥尤其重要的作用，譬如那里的大型太阳能发电可以说已经引领世界。

在斯德伯克附近经常举办能够聚集人气的火人节。每年五、六月份，以色列人会在露天空旷之地燃起一堆堆红色火焰，让空中弥漫火焰和食物烧烤的气味，这就是以色列人的火人节。相传犹太圣贤阿奇瓦拉比在此日组织犹太人从罗马人手中夺回耶路撒冷城后，点起篝火通报周围村庄。犹太人从此以篝火纪念阿奇瓦返回耶路撒冷城。

现代以色列火人节开始于2014年6月，一般为期6天，通常是在内盖夫沙漠里搭建临时住棚，形成一个充满创造力、艺术性、自我表达的共享生活方式平台。在斯德伯克附近举行的第一届火人节就有3000人参加。2019年的火人节在本－古里安大学斯德伯克校区东边举行，同样有数千人参加。以色列的火人节使内盖夫成为沙漠火人节在除美国内华达州以外的第二大区域活动。一些人穿着斗篷或紧身衣前来,参与者带来了自己的食物和水,并与其他人分享。

像中国的年轻人会去沙滩露营篝火一样,火人节时的年轻人也会豪爽地碰杯、吃烧烤,看一晚上的月亮星星。在节日当天会有各种形态各异的动物造型,做得惟妙惟肖。许多人聚集在一块广阔的地方,在那里尽情地跳舞歌唱,不时有火喷射出来,有点像中国的喷火表演。游人可以想象一下那个画面,数千人在火的照耀下,跟着节奏一起跳舞。最令人震撼的是,当火人节快要结束时,准备的各种造型的东西,瞬间燃起熊熊大火,不禁让人想起"打铁花"的情景。在场的所有人狂欢起来,大声呼喊着、快乐着,在这样的兴奋与快乐中,节日逐步走向尾声。这样的活动在不断积攒人气,当有了足够数量的人之后,发展就是自然而然的了。因此,内盖夫的发展是指日可待的。

斯德伯克基布兹的东面是本－古里安和他的妻子保拉的墓地。墓地

本－古里安和妻子保拉的墓地。墓碑上摆放的小石子是犹太人纪念故人的传统方式。犹太传统不用有生命物品,如鲜花等去祭扫,而是用无生命的石子代替,表示对生命的敬意。

简朴肃穆,现在是人们参观凭吊的一个去处。每逢本-古里安诞辰,以色列国家领导人都会来这里举行盛大的纪念仪式,表达对开国元勋的敬意和纪念。

成就

基布兹从初创到今天已走过百年以上的历史。在这一百余年中,它所取得的成就和留给人们的启示和思考是巨大的。其主要成就可概括为以下几点:

(一)为实现美好理想进行的可贵探索

基布兹的出现并非一种新理论的提出,而是对人类美好理想的一种实践,是一种将理想变成现实的实验。基布兹的创建者们怀着一种探索精神,以其独特的做法,力图将柏拉图、莫尔、葛德文、圣西门、傅立叶、欧文以及马克思提出的共同劳动、共同生活、共同富裕、人人平等等美好思想贯彻推行到人的现实生活中去,力图使这些纸上的理想成为现实。它的创立和成功不仅为探索新制度、新社会的人们提供了不可多得的新鲜经验和借鉴,而且对人们在这一方向上继续前进是一种巨大的鼓舞。譬如,如何贯彻人人平等,如何杜绝领导人享受特权和贪污腐化之恶习,如何清除不劳而获的思想,如何贯彻共同劳动、共同生活、共同富裕的理念并使之成为现实……许多学者,尤其是西方学者,在讨论基布兹的成就时,往往有意无意地对这一点轻描淡写,或是干脆不提,笔者则认为这恰是基布兹对人类社会机制创新做出的重要贡献。

(二)安顿移民和促进社会发展

对以色列而言,21世纪初巴勒斯坦地区的犹太人绝大多数是来自欧洲的犹太移民、难民。他们中的不少人是在遭受歧视、压迫、迫害后逃亡到那里的。当然,其中也有相当一部分是为了实现自己的崇高理想,为民族建设一个家园,一个平等、正义、自由的新社会而来。

一 基布兹——共产主义集体化模式

在基布兹庭院进行交流的访问团,可以看出环境已经非常优美　徐新　摄

今日基布兹的环境　徐新　摄

基布兹在吸收和安置这些移民方面做出了杰出的贡献，特别是在以色列建国之前，它解决了成千上万移民抵达初期的生活和就业问题，为有理想的年轻人提供了一个践行崇高理想的平台。

基布兹在开辟新的定居点和促进巴勒斯坦地区的社会发展上贡献良多。第二次世界大战前，以色列出现的数十个"栅栏"和"城镇"式犹太定居点，绝大部分都是由基布兹建立的。经过基布兹人的辛勤劳动，昔日巴勒斯坦土地上一片片荒无人烟、风沙遍地的荒漠，如今已经成了一个个人畜兴旺、绿树成荫的"绿洲"。

（三）实现妇女的彻底解放

基布兹是人类社会中较早践行男女平等思想的组织形态，生活在基布兹中的妇女可以说获得了与男子完全平等的权利。这发生在100年前是十分难能可贵的。

首先，妇女是作为一个平等人加入基布兹的，而不是作为丈夫的配偶附庸，因此每一位女性成员都与男性成员享有相同的权利。

其次，由于基布兹财产共有，已婚女子不再在经济上依附其丈夫，而经济上依附性的消灭正是男女平等的重要经济基础和表现。

最后，基布兹中实行的子女集体抚养和家务劳动社会化的政策使得女子不再整天围着孩子转，终日围着锅台忙，能够真正、完全地从家庭事务中解放出来。基布兹内所有成员都有劳动义务，这不仅使所有妇女都有了工作机会，而且促使其能展示和发挥自己的才能。在中东那样的大环境下，如此提高妇女的社会地位是十分罕见的。

（四）促进生活水平的提高

随着生产和经济的发展，基布兹人的生活水平不断得到改善和提高。例如，住房改善——从集体宿舍到单人宿舍，从一户一室型到多室套间，再到独门独户。统计资料表明，基布兹人员在吃、住、穿、用方面的消费已超过社会平均水平。此外，基布兹成员的文化娱乐生活水平不断提升，每年观看戏剧、电影和音乐会的次数比城市白领人士还要多。基布兹的公共设施也有很大发展，像俱乐部、图书馆、游

一 基布兹——共产主义集体化模式

今日的住房，独门独户式　徐新 摄

泳池、健身房、活动中心之类的娱乐休闲场所已十分普及。人们劳动的时间已经大大缩短，劳动强度更是得到了减轻。除了正常的节假日外，绝大多数基布兹都能够为其成员每年安排不少于一次的国内度假游览或休养，部分基布兹成员甚至已开始享受免费国外度假旅游了。

在私家车日渐普及的以色列，基布兹当然与时俱进，开始为成员配备乘用车。不过，乘用车仍然是共享共用。成员分配同样的使用时间（以每月多少小时计算）。同时，允许成员间自行调配用车时间。需要用车者事先登记，在正常情况下，登记在先者先用。每次使用后只需将油箱的油量保持在不低于半箱即可。如果碰上紧急情况，所有的车都已被人使用，还可以外出临时租车，费用由基布兹报销。这样基本能够保证需要用车的人有车用，而养车的所有费用由基布兹承担负责。

现今，对于主动退出的成员，也不再要求净身出户。退出者如果愿意，完全可以带走自己一直使用的生活用品，而且还会获得一笔退

早年基布兹的动物饲养和生活条件，土路两边是最初的住房。

养鸡场

传统的基布兹饲养场

现代化的养殖业　徐新 摄

出金，通常按照其在基布兹中生活劳动的年限计算。这应该是基布兹经济实力雄厚的体现，也是人文关怀的表现。

（五）对国家的贡献

基布兹对国家的贡献应该说是巨大的，在这片古老、被认为贫瘠的土地上创造了惊人的"奇迹"。它的耕地面积为全国耕地的30%左右，农业产值却占全国总产值的40%。以色列全国50%的小麦、55.4%的牛肉和80.4%的棉花产自基布兹。目前生活在"基布兹"里的人口只占全国人口的2%左右，但它的农产品却占全国总产量的50%以上，同时还提供大量产品（如水果、花卉、乳制品等）供出口换取外汇。它的工业产值也在逐年上升，现在已经占全国的7%。

它对国家的重大贡献还突出表现在人才输送上。据统计，在工党执政的 29 年中，其内阁成员的 1/3 都来自基布兹。在以色列国防军中，许多高级将领原本也是基布兹成员，如曾任国防军总参谋长和国防部长的摩西·达扬，就出生在以色列第一个基布兹。在 1967 年的第三次中东战争中，以色列 30% 的空军驾驶员和近 1/4 的陆军军官是基布兹成员。在这场战争中，以军阵亡 778 人，其中 200 人也都来自基布兹。以色列政府和军队的领导人中有 1/3 来自基布兹或曾经是基布兹成员。高级专业人才和学者中也有 30% 来自基布兹。

（六）创新

在以色列作为创新国度大环境的影响下，越来越多的基布兹也开展自身的创新，其中最享盛名的是滴灌技术的发明和推广。

马格尔基布兹是以色列最早开发出滴灌技术的地方。众所周知，以色列的自然环境极其糟糕。荒漠、干旱、缺水制约着那里农业的发展。就连以色列最大河流约旦河的供水量也极为有限。以色列人最初用暗渠管道取代明渠水沟，以喷灌取代漫灌，为的是用同样的水灌溉更多的农田。20 世纪 60 年代，为了最大限度利用极为有限的水资源，马格尔基布兹创造性地提出滴灌的思路。1973 年，实用的滴灌装置成功研制，并投入实际运用。相比于传统农业的漫灌方式，创新出来的滴灌技术使单位面积耕地的耗水量大幅下降，水的利用效率得到极大提高，经计算可节水 35%—50%，而且在输送水的过程中还可以同时输送肥料。仅此一创新之举，水和肥的利用率就一下子提高到 90%。这对于农业而言，简直是达到了前所未有的程度。

以色列随即大规模推广滴灌技术。其结果是，耕地面积从 16.5 亿平方米增加到 44 亿平方米，全国农业用水总量 30 年来一直稳定在每年 13 亿立方米左右，农业产出却惊人地翻了 5 倍，使得以色列当之无愧地跻身世界农业最发达国家之列。

这一创新不仅解决以色列自身对农产品的需求，而且使得以色列成为农产品出口大国，特别是成为冬季欧洲的蔬菜、花卉、水果基地。滴灌技术的出口和在世界范围内的推广使用，在增加以色列外汇收入

马格尔基布兹的技术人员在向中国商务参访团介绍和讲解滴灌技术发明的过程　徐新　摄

PPT演示讲课的内容　徐新　摄

一 基布兹——共产主义集体化模式

技术人员展示滴管及上面的出水孔。尽管滴管是塑料制品,但与简单的塑料管有很大的区别。它的内管壁具有压力,能够确保不同长度输水压力均一致,令出水孔滴出的水滴量完全一样。　　　　　　　　　　　　　　　　　　　　　　徐新 摄

参访团成员在观看滴灌技术的实物演示　徐新 摄

滴灌技术的展示与简陋的接待会议室　徐新 摄

的同时，为世界粮食生产做出了巨大贡献。

当然，以色列在农业方面的创新不仅仅体现在滴灌技术上，还包括农作物培育（抗旱作物培育）、无土大棚种植、废水利用、海水淡化及管道监测等相关方面的创新。其中任何一项都走在世界的前列。

现在的马格尔基布兹或许已成为以色列最富裕的一座基布兹，它的财富主要来自创新。基布兹拥有 Netafim 过半的股份，而 Netafim 现在是全球最大的滴灌设备生产商，一直带给股东十分良好的经济回报。

马格尔基布兹与滴灌技术

马格尔基布兹创造了全球最大的灌溉公司——Netafim（意为"水滴"）。该公司年收入 10 亿美元，估值 15 亿美元，是以色列创新企业在基布兹中最为成功的一例。

马格尔基布兹于 1953 年 11 月建立，位于以色列东部边境。到 1960 年，有成员 50—100 人。早期依靠相对初级的农业为生，1967—1980 年开始种植棉花、牛油果，并饲养火鸡。1973 年，由以色列南部的一个名叫 Hatzerim 的基布兹资助成立了第一家主要生产滴灌设备的工厂——Netafim。Netafim 最成功之处是开发了滴灌技术——一种前所未有的通过按区间放置有滴头的滴灌管来实现灌溉的现代技术。目前马格尔基布兹并没有放弃农业生产，仍然种牛油果、杏仁和橄榄，同时售卖加工好的橄榄油。如今 Netafim 已成为国际型滴灌公司，约在全球设有 20 家工厂，包括印度、南非、巴西、澳大利亚等国家和地区。

2004 年—2006 年，马格尔基布兹完成私有化转型。目前马格尔基布兹与以色列一般居民区没有太大差别。其二地所有权属于政府，马格尔基布兹通过与政府签署协议，获得土地使用权，并从政府手中买下成员住宅的所有权，登记在相应成员的名下，完成了住宅的私有化，但不可以买卖。对于共有的基布兹产业，包括 Netafim 的股份和农业所得，则仍然由全体基布兹成员共同持有，原则上每年按成员的持股比例进行分配。随着 Netafim 产能的扩大，马格尔基布兹在传统住宅区之外开辟了新的生活区，供应聘前来工作的人员居住。新区的房产完全按市场化规则操作，可以自由买卖。目前新区已经发展成了"特色小镇"，吸引大批外地人前来居住并体验基布兹文化，不过那些人不具有基布兹成员资格。

常见的灌溉方法依赖于大量的养分和水分，反复翻耕，能耗高，而且大部分的水分和养分并不能为植物根茎吸收。过度的耕作导致土壤侵蚀和生产率较低。滴灌与此相反，水分和养分可直接抵达作物根部，创造作物生长最佳条件。种植者使用较少的水、养分和人力机械，最大限度提高产量。同时，滴灌减轻了水源枯竭、土壤侵蚀和碳排放。

Netafim 经历 45 年的创新和不断改进，可为客户量身定制特殊的灌溉方案：从小农户到大型工厂、从定制的园林灌溉系统到矿山林溪使用的滴灌管布线、从最初的设计出样到最终的实施方案，真正做到了节约用水、保护耕地、改善土壤性能、增加作物产量。

目前 Netafim 发展规模庞大，严重超越了马格尔基布兹的管理承载力。改革成为马格尔基布兹保持旺盛生命力的必要举措。现在的企业管理形态与初创时期已经截然不同，特别是人员的归属发生了很大变化。公司在全球约有 4000 名员工，仅 300 人是基布兹的会员，其他人员均是

铺设滴管的机器设备　徐新　摄

公司展示牌　徐新　摄

一　基布兹——共产主义集体化模式

公司展示棚，说明滴灌工作流程　徐新 摄

家庭使用的小型滴灌控制箱　徐新 摄

控制箱内的情形（控制电脑以及有很高技术含量的接头）　　　徐新 摄

雇员身份。

　　Netafim 滴灌技术改变了人们对于灌溉的认知。人们看到的产品是一条长长的水管线，配置有滴头，水通过滴头可以直接送到作物的根区，大大节约灌溉用水。不仅如此，灌溉的同时可以施肥、用药，节省相应资源。由于该技术的使用，农业作物通常可以提升 50%—80% 的产量。

目前公司生产的有3、4、5三种型号的滴头。第5款滴头直径不到1厘米，可以嵌在管壁上。滴头本身有锯齿状管道设计，水经过后会形成涡流，带走砂石等小颗粒，避免滴头堵塞，能够实现滴头自我清洁。该设计是 Netafim 的专利，适用于平原地区。

山区可使用第4款滴头，那是压力补偿型。它添加了硅材料的横膜，可以调节不同高度造成的水压差。无论安放在山坡哪一位置，每个滴头的出水量都相同。

滴灌技术的实际应用：发展沙漠农业。以色列南部沙漠的阿拉瓦地区，地表是沙漠，但有丰富的地下水资源，同时冬季气温高。因此利用滴灌技术，可以生产出口欧洲的反季节蔬菜水果，获得很好的收入。

Netafim 目前有一万五千种产品。最早只做滴头，后来开始在灌溉领域其他技术上革新，包括灌溉使用的电脑控制系统、管线材料、过滤器等。

由于产品的特色，Netafim 成为以色列最大的塑料工厂。因为产品涉及塑料的各种设备，所以 Netafim 也成为塑料需求量非常大的公司。

客户只要表明种植需求，Netafim 会承担一切检测工作，包括了解当地的水资源、土壤情况、地形、气候，为客户量身设计灌溉系统。种植期间，Netafim 也会提供农业、工业等各方面支持，确保客户使用 Netafim 设备达到预期效果。

Netafim 在全球有20个生产厂，目前在中国也有了一座生产厂。全球有4000名员工，28个子公司，产品销往110个国家。每一个海外子公司拥有40人团队，包括技术人员和农业学家等，可以就近服务当地客户。Netafim 在全球拿到了很多大型项目。最近（2017年）一个是与埃塞俄比亚政府合作的，针对甘蔗的

基布兹自身拥有的使用滴灌技术的大田　徐新 摄

使用无土栽培技术的蔬菜大棚　徐新 摄

2000万美元的5年期项目。滴头由于是核心技术，只在以色列生产，海外工厂负责后续组装。

多样性

尽管基布兹是一个统一的运动，但基布兹却从一开始就不是整齐划一，而是多种多样的。除了规模大小不一外，人们走到一起组成基布兹的原因也相去甚远。有的是按信仰程度组成的，如崇尚世俗生活的，组成世俗基布兹；希望按传统习俗生活的则组成守教基布兹，还有极端派组成的超正统派的基布兹。现今，基布兹成为志同道合者的聚集地，崇尚体育的、喜欢音乐的、爱好绘画的都有可以找知音同道的基布兹。在生产劳动方面，出现了以种植粮食为主的基布兹，以饲养业为主的基布兹，以种植花卉为主的基布兹，以种植水果为主的基布兹，还有以工业生产为主的基布兹。因观念、兴趣爱好差异而无法生活在同一个基布兹的情况得到了彻底的改变。

存在的不足和问题

虽然基布兹取得了很大成就,并在实际生活中实践着人类许多美好的理想,但它毕竟是一个新生事物,尽管是一种值得的实践和实验,但还远不是个完美的社会形态,仍然有许多有待克服的不足和问题。

(一)对个人自由的限制

由于基布兹是一种集体生活组织模式,加上又实行遵从大多数人意志的原则,个人自由便或多或少会受到限制。纯属个人爱好的活动通常很难在基布兹中开展,特别是在它的早期,如艺术方面的活动,无论音乐、美术还是创作都很难发展成职业、专业,只能作为个人的业余爱好存在。由于早期需要开荒,生产出粮食、蔬菜、牛羊禽蛋奶,所以直接参加生产劳动是每一位成员的主业,而且是必须的。笔者在访问中曾了解到在 20 世纪 60 年代,一个摄影爱好者希望购置一台照相机,便向基布兹大会提出购机建议,可是大多数人并不赞同他的看法,认为那不是生活必需品,生活中并不一定需要,再加上当年经济水平不高,照相机属于奢侈品,他的数次提议都没有能够通过,于是只能遗憾地放弃这一个人爱好。当然,如果在今天,这已经不是问题。

马克思曾把一个人能否自由选择职业作为共产主义社会的标志之一。然而,这一点在基布兹中却难以实行。一个较大的基布兹只不过千人左右,而小的只有上百人或几十人,劳动岗位只有有限的几种,职业的选择余地自然就很小。特别是那些有着特殊才能的人,如音乐天才、艺术天才、写作天才等很少有发挥自己特长的机会。职业选择余地小还表现在对接受高等教育的选择上。基布兹只提供幼儿、中小学教育,想接受高等教育的人必须到基布兹以外的学府就读,而当时的基布兹一般只资助那些选择与其生产直接有关的学科的人去大学学习,那些所选专业与基布兹生产无关的人通常无法获得资助。职业选择余地小导致不少人离开基布兹,寻找能够发挥自己才干的部门就业。

（二）僵化、教条的做法

基布兹的一些僵化、教条的做法也常常使生活在其中的人感到难以保持自己的个性，特别是一些具有较强个性的人会感到不自在，似乎总是在他人的支配下生活。譬如，千篇一律的服饰、同样简陋的住房等，缺少了生活的色彩和品位。大食堂的伙食很难满足所有人的口味，而且大锅菜总是无法与小锅菜相比，选择性比较少。时间一长，容易产生厌倦情绪。在培养孩子的问题上，一切都由基布兹安排的做法使那些特别关心和疼爱子女成长的父母感到难以接受。出于上述原因，一些人选择离去，以色列前总理梅厄夫人一家的离去就是一例。

（三）集体经营的通病

集体经营具有的通病，如效率不高、管理不善，在基布兹中亦存在。有的基布兹生产发展不快，人的生活改善也不大，使人们对基布兹的价值产生怀疑。劳动强度较大也使一些人不能适应，特别对于新成员而言困难更大一些。由于基布兹是一个无货币社会，尽管在内部交往很容易，但其成员与别的基布兹的成员及基布兹以外亲朋好友的社交则比较困难。亲情之间的人情事务难以为继，交往是需要金钱成本的，而生活在基布兹中的人手中常常没有任何现金。

诸如此类不足的存在有不少原因，有些是其自身的原因，有的则是外部原因。如基布兹的出现不是在物质极大丰富之后，而是在这之前，因此它的财力和物力通常很有限，实行真正含义的"按需分配"的条件并不具备，人们想要的通常并不能获得。实行的供给制实际上是低水平的供给制，只能提供生活最基本的保障。生存下来是第一位需要考虑的，其他方面只能是其次，或者可有可无了。对于这些不足，基布兹也有所意识，并正在寻找好的办法加以克服。

下面一节所介绍的"变化"，实际上正是基布兹为完善自身所做的种种努力的结果。

变化和生命力

随着时代的变迁、社会的进步以及自身的发展,基布兹也在不断经历着变化,尽管大多数变化的发生都是渐进的。发生在基布兹内部的变化,有的只涉及某些具体做法和措施,有的则触及长期践行的理念、政策和原则,有的还深刻地影响着人们的观念。它们的出现不仅引起了关心和研究基布兹的专家学者等局外人的兴趣和关注,而且引起了生活在基布兹内的人们的探讨和争论。

这些引起人们关注和争论的变化主要表现在:

(一)私有化现象出现,且大有愈演愈烈的趋势

20世纪80年代,在以色列国内经济危机的"推动"下,基布兹经济一度萎靡滑坡,甚至倒退。再加上20世纪80年代末到90年代初世界范围出现的私有化大潮的冲击,越来越多的基布兹开始有意识地抛弃传统的集体化思想,甚至认为基布兹如果希望生存下去,就必须改革,而改革的基本出路就是私有化、商品经济化,以此最大限度地调动成员的积极性,提高经济效益。

基布兹作为具有公有制性质的农村集体经济组织形态,早期可以说几乎没有任何私人财产。由于不记劳动报酬,基布兹内没有任何现金流动,也不会发放任何现金,故成员不使用任何货币。就连当时人们身上穿的衣服也不为个人所有。每天劳动后换下的衣服不分你我一律集中到洗衣房去清洗。洗净晾干的衣服按男女分开,大小尺寸分别叠放在一起,需要更衣的人自行去取,哪件合身就穿哪件。不过,在私有制大潮的冲击下,现在已没有任何一个基布兹还实行这一做法了。衣服成了私人物品,尽管仍集中由洗衣房的专人洗涤,但洗完不再混在一起,而是物归原主。除此之外,在许多基布兹中,住处的陈设和用品也已不再是集体所有,而变成个人所有。因此,当某一成员决定离开基布兹时,他不仅可以带走所有的衣物,还可以带走住处里的家具及其他用品,而不像早期离开的人,除了一身衣服外,什么物品都不得带走。

除物品私有外，私有化还表现在货币的出现上。当然，到目前为止，在绝大部分基布兹内部仍无货币流通，人们的吃、住、行等都由基布兹集体提供。但是，现在每一个成员都可以得到一笔由个人支配、数目不菲的津贴。这笔钱最初主要用于购衣、添置一些个人日用品和零花，现在更多是用于在基布兹以外的消费，特别是度假旅游。这笔钱如一时仍然花不完，剩下的也就自然归己了。成员开始开设自己的银行账户。这样，一度在基布兹中消失的货币观念便开始出现。随着时间的积累和津贴数目的增加，个人手头货币的拥有量也必然会有所增加。私人财产的出现是否会彻底改变基布兹的性质仍有待时间去做出判断。

私有化还导致基布兹部分实行"按劳分配"而不再是"按需分配"，向从事不同工作的人支付不同薪酬的现象出现。现行薪酬分配方式大概有三大类型：第一是传统的分配方式。成员无论干什么工作，工资分配完全等同，没有任何区别。第二是混合型分配方式。每个成员除了获得同等的薪酬外，可以有一小部分根据技术、工作绩效获得的额外"补贴性"报酬。第三是再生型分配。成员的收入完全取决于他的工作性质，而且还可以接收其他的收入来源。显然第三种分配方式更加符合私有化思想，开放自由度高，更加能够提高人们的工作积极性。根据海法大学的一项相关研究，目前已有72%的基布兹在分配问题上采用第三种再生型的模式，预计未来还会有更多的基布兹在薪酬分配问题上向第三种模式看齐靠拢。

据统计，到2020年，全以色列300家左右的基布兹中，保留原有集体生活和分配方式的只剩下30家。这30家几乎无一例外都是率先进入市场经济试水成功的基布兹。60年代起，基布兹开始兴办工业产业。有商业头脑的基布兹很早就把企业从基布兹传统实体中剥离出来，雇佣外来工作人员，按市场经济规则运行这些企业，如前面提及的马格尔基布兹，用获得的利润保持传统的集体生活方式。

尽管如此，在生活层面上，全体成员的日常衣食住行、生老病死、文化娱乐、子女教育等，仍然全由"基布兹"集体负责。除此之外，成员每年还能拿到一定数额的旅游零花钱，供个人支配。而且不分官民、工种、技术水平和贡献大小，一律享受完全相同的待遇。

私有化现象的出现，使得原本完全平均主义的机制被打破。而工资差别制的实行将不可避免地造成基布兹内部出现贫富差距。为了解决这一问题，基布兹正在思考、设计新的社会保障制度，以在不同层面上不忘初心，践行早年的"共同富裕"理想。

（二）个性化家庭观念抬头

前面已提到，基布兹作为一种集体生活组织形态，在开始阶段往往偏重于对集体主义和统一性的强调，忽视乃至限制、排斥人的个性需要。在衣着问题上的做法就是典型的例子。早期的服装只求统一性，忽视个人的爱好，常常是采用一种衣料，做成统一式样，结果是千人一面，使生活失去了其应有的色彩和多样性。

然而现在的情形已再不如此。对于一些纯属个人生活方面的事务，基布兹已不再强求统一了。还是以衣着为例，70年代以来，越来越多的基布兹就在其内部开始设立服装店，不再统一发放衣服，而是让成员根据个人喜好去商店挑选。基布兹只是每年定期按同一标准将服装费定额下达到每一成员的账户上。基布兹的社员以记账的方式在基布兹自己开办的商店里挑选自己喜欢的款式和颜色，只要不超过定额，领多少件、领任何式样的都可以。到后来，成员如果在基布兹商店中挑不出自己所满意的，也可以申请领钱，到基布兹以外的商店选购。由于基布兹以外商店物品的价格比内部的贵，每次能购买的数量也自然要少一些。现在人们在基布兹里看到的都是个性化服饰，很难再看到两个穿同样服装的人，穿统一制服的现象更是不复存在了。

在许多基布兹中，住房的大小和室内布置也向个性化方向发展。现在，人们可以按自己的喜好挑选家具和物品，并可以按个人爱好进行布置，室内室外都是这样。此外，由于一个家庭有数代人生活在一起，住房也开始朝多样化方向发展，面积大小不同的房型出现了，以满足不同成员的生活需要。结算方式则是分配加差价。

传统上，生活在基布兹里的人家庭观念一直相对比较淡薄，孩子向来不被看作是父母的所属物，也无须父母抚养。但是，随着经济收入的增加,生活的改善,劳动强度的大幅减轻,人们休息时间的增多,越来越多的父母希望能有较多的时间与自己的孩子待在一起,甚至生活在一起。尤其是新一代基布兹人不再被基布兹传统的集体主义道德和信仰所吸引,他们希望更多地与家人一起生活,享受亲情。为了适应这一变化,许多基布兹采取了一些新做法:只要父母愿意并能做到不影响第二天的工作,允许婴幼儿晚上回家睡;上学的孩子也可以在家睡;有时,孩子的早餐也可以在家和父母一起吃;父母也可以在下班后经常去看望孩子,和他们一块玩耍,而且愿意待多久就待多久。

所有这些改变都不可避免地引起人们头脑中家庭观念的加强。在目前基布兹人口来源日益减少的情况下,基布兹希望通过加强家庭观念来促使孩子长大后自愿留在基布兹里生活。

(三)工业出现

众所周知,在初创阶段,基布兹是作为一个纯粹的农业组织出现的,并没有自己的工业或其他产业。随着社会的发展,整个社会工业化程度提高,农业机械化水平提高,基布兹人民希望改善生活的要求愈加强烈。而农业经济能够创造的价值总是有限的,无法满足人们日益增长的物质需要。人们愈来愈认识到,未来的经济不能仅靠种田、栽果园、养鸡、养牛、放羊,必须开展多种经营。基布兹逐步办起了自己的工业并开始经营其他产业。今天,工业在基布兹经济活动中所占比重已越来越大,成为推动基布兹发展和提高其成员生活水平的一个重要动力。

工厂开始成批出现后,曾在基布兹中引发过一场激烈的争论。一种观点认为,基布兹应当保持一个农业组织固有的特征,依靠耕种土地生活,与土地打交道是一种改善人际关系、变革人与劳动关系的最好方法;相反,工业具有使劳动者非人格化的固有本质,因此会影响基布兹的声誉,破坏基布兹存在的基础,应予以禁止。可另一种观点却认为,具有共产主义性质的基布兹同时还负有振兴国家和民族的使命,应该最大限度地发展其生产力,扩大其在社会上的作用,并改善和提高基布兹成员的生活水平,要做到这一点,光靠农业显然是不行的。这部分人还认为基布兹本身也应是个农业、手工业、工业的混合经济组织,而不应被看作一个纯粹的农业组织。

尽管存在这些争论,但由于农业机械化的实现,耕地面积和水资源的有限,劳动力日趋过剩,再加上基布兹本身人口的增长,工厂还是在绝大多数基布兹中出现了,并越来越受到人们的重视。现在有的基布兹已拥有大型工业企业和集团工业了。当然,大多数基布兹对自身兴办的工业还是做出了一些不寻常的规定,如规定工厂规模要小,效益要高;要能在不雇佣外来人员的情况下由自身的成员单独经营管理;要设法使每个在其中工作的人感受到他就是工厂的主人,而不是为了挣钱而被迫为老板工作的雇佣劳动力。

(四)雇工出现

按照建社原则,基布兹是一个人们共同劳动、共同享有劳动成果的社会组织形态,因此,自然不应该有雇工现象存在。然而,由于种种原因,基布兹常常不得不雇佣非基布兹成员来为其服务。例如,在没有自己医生的情况下,就不得不到基布兹以外的医院看病,或是聘请医生来基布兹工作。从方便就医和经济角度出发,后一种做法自然比较理想,于是雇佣便出现了。不过,最早出现的所谓雇员只是一些专业人员,如医生、护士、教师之类。由于这些人员都不是直接生产者,剥削问题也不明显,便未引起人们的注意。但是,随着基布兹工业的发展,对技术工种的需要增加了,基布兹无法一下子培养出数量充足的专业人才,于是便开始在基布兹以外进行招募,雇聘所需人员。事实上,办得越大的企业,需要雇佣的人员就越多。这些受雇佣的人虽然在基布兹里工作,可并不是基布兹的成员。他们以雇工身份成为基布兹的工作人员,按照与基布兹签订的合同领取报酬。从理论上讲,领取的薪金不可能是他们创造的价值的全部,这里便产生了马克思所说的"剩余价值"问题,也就是实质上的剥削雇工问题。基布兹在最初成立时所不齿的观念,现在又重新为人们接受,这一转变的确值得思考。难怪,这种雇工形式的出现和不断扩大是人们经常争论的一个问题。但是,不管如何,人员身份的双轨制已经是一种普遍流行的做法了。在这一问题上,经济发展显然压倒了理念。

（五）服务性行业和多种经营出现

基布兹生产领域出现的不仅仅是工业产业，而且还包括各种服务性行业。旅游业应该说是最有特色和最为普及的行当。这一点很像现在我国乡村出现的农家乐，不同的是基布兹是集体的。众多的基布兹建立旅游点，在设计出旅游线路的同时，提供一流的餐饮饭店服务。"基布兹"像一个谜吸引着无数的观光者。前共产主义国家的游客对基布兹的兴趣颇高。在德加尼亚，游客可以参观它的动物园、农业博物馆、德加尼亚档案馆、从叙利亚军队缴获的坦克、拓荒者的故居（先期创始人在1912年盖的混凝土砖建筑），还有他们的农场和菜园。在基布兹的大食堂中与基布兹成员一道用餐是众多游客的愿望。

以色列国家旅游部的数据显示，2013年，以色列乡村旅游过夜游客达227.1万夜次，其中外国游客有37.4万夜次，以色列本地游客占189.7万夜次，收入达5468万谢克尔，相当于8782万人民币；其中在基布兹过夜的游客数量有136万夜次，外国游客31.7万夜次，本地游客104.3万夜次，收入达3100万谢克尔，相当于4979万人民币。

每年参访基布兹的还有许多国际志愿者。他们利用暑假到这里来，通过打短工体验基布兹式生活。这些志愿者多不是以色列人，而是来自世界各地，特别是欧洲的青年。这方面带来的经济收入显然十分可观。

为成员及游客开设的食堂的午餐沙拉吧台　　　　　　　　　　　徐新 摄

考察基布兹的中国参访团　徐新 摄

1986年在以色列基布兹体验生活的北欧青年。　　　　徐新 摄

1986年在以色列基布兹体验生活的日本青年。他们半天参加劳动，半天学习了解以色列社会。　　　　徐新 摄

（六）大食堂消失

吃大食堂是基布兹出现时"共同劳动，共同生活"理念的标志性表现，然而，现在基布兹的大食堂却已基本消失，成员回归各家自行开火做饭。这无疑是基布兹的一个重要变化。不过，这一变化是一个渐进的过程，从中可以感觉到人性的基本面以及传统的巨大影响力。

当然，不可否认的是，在大食堂问题上发生这样的变化也与基布兹生活水平提高、成员劳动强度减轻、劳动时间减少密不可分。

经过几十年的发展，基布兹的居住条件发生了很大的变化，由集体宿舍到单人间，到套间，再到单门独户，从睡觉的场所变成生活的家。由基布兹提供的住所有了洗漱间、厨房等生活设施。最初厨房的功用主要是用来烧水泡茶和煮咖啡。后来，为了方便那些已经退休的老年成员不至于一大早得赶到食堂去用早餐，基布兹允许这些人在每天的晚餐后，从食堂带鸡蛋、面包、牛奶等食品回家。这样，第二天早上，这些人可以自己在家做早餐，用餐的时间完全机动。

但问题是，既然这样可以，人们在休息日也就可以效仿，自己在家开火，不用三餐往食堂跑。接下来是，既然休息日可以，那平日晚餐有什么不可以？尽管最初只是少数人这样想和希望这样做，但若干年下来，愿意自己烧饭的成员越来越多。终于到了一个临界点：当绝大多数人都倾向自己在家开火，特别是早餐和晚饭，提供一日三餐的大食堂失去了必要性。现在,绝大多数基布兹的食堂,如果仍然提供集体伙食,也仅提供午餐,而不再提供早餐和晚餐。如果人们对此现象提出疑问,得到的答案有可能是"毕竟只为少数人提供早晚饭不仅会造成资源的浪费,也不公平"。

所有发生在基布兹中的新变化都是逐渐呈现的,最初是在保持它的原则和理想基本不变的前提下发生的。然而,"从量变到质变"通常是不可避免的。当人们回头去仔细审视这一系列变化时,仍会吃惊地发现变化是如此巨大,有着深远的影响。不少专家学者承认这些变化对于基布兹的生存和发展有重大意义,对于克服它的某些不足之处也具有积极的意义,但同时也不得不承认它们在某种程度上正侵蚀着基布兹的基本原则和崇高理想。

历史经验告诉人们,变化和革新是不可避免的、永恒的。任何一种社会形态,如要从理想走到现实,则从它诞生之日起就已经踏上了不断变革的历史行程。基布兹也不例外。那种所谓"以不变应万变"的观点既不现实,在实践中也行不通。对于基布兹来说,关键在于如何应付变化带来的挑战,是否能利用革新措施更好、更快地完善自身,以及如何在变化中求得未来的发展。

Ein Gedi 基布兹的故事

恩戈地(Ein Gedi)基布兹可以说是一个成功转型的现代基布兹。

恩戈地基布兹始建于1953年,是一个在以色列国成立后建立起来的基布兹。就地理位置而言,它几乎没有任何优势。它位于犹地亚荒漠边缘与死海西端的不毛之地,这是一片远离大城市的荒野之地。当年的以色列政府将这一片极其荒凉的土地"拨给"一群新近抵达的犹太移民时,应该是有战略考虑的。而当年在以色列国建立并爆发过战争后仍然选择回归以色列故土的犹太人应该是有拓荒精神的。很显然,他们适应困难境遇的能力惊人,而且心甘情愿地接受这样的环境和生态,忍受交通不便和远离城市的困难。据介绍,当时的拓荒者没有被眼前看到的荒凉景象所吓倒,而是撸起袖子投入垦殖拓荒行动,硬是凭着理想用自己的辛勤劳动一砖一瓦、一草一木地将恩戈地这一不毛之地建成了如今充满生机的模样。今天,成片生机盎然的椰枣林和橄榄树让人不敢相信它们居然是生长在盐碱地上的。不仅如此,现在的恩戈地有许多罕见的奇花异草,经统计竟有600多种植物,俨然是一座植物博物馆。由于与世隔绝,恩戈地很长一段时间被誉为世外桃源。

1967年,以色列与约旦爆发六日战争之后,出于国防安全的考虑,以色列政府修建了一条从耶路撒冷通往那里的道路,从而打破了恩戈地与世隔绝的状态。

今天,恩戈地基布兹成了一处有吸引力的基布兹。参观者驱车驶过大片大片荒漠旷野抵达这里时,无一不被它那充满生机的田野所打动,这完全就是绿洲的景色。只有察觉到地里铺设的滴灌管道,才会恍然意识到这片沙漠中的绿洲并非大自然的鬼斧神工,而是一代又一代以色列人付出艰苦卓绝的努力,战胜恶劣的自然环境而创造出的奇迹。

尽管恩戈地是一个出现相对较晚的基布兹,但从20世纪70年代开始,恩戈地就率先开启了一系列的改革。比如,抚养儿童的工作过去由基布兹统一承担,孩子每天和父母待在一起的时间只有短暂的一两个小时。这显然对亲情的培养不利,而且从心理学角度思考,会发现这样的方式容易让孩子产生心理问题,因而在所有的基布兹中,恩戈地是较早取消集中抚养政策的。

恩戈地推进的变革还体现在分配方式的改变上。那里的人较早开始根据自己的劳动获得相应的薪水,而且可以根据自身的喜好支配劳动所得。譬如,一位在食堂工作的女士曾经这样告诉来访者:过去的基布兹不允许每个家庭单独购买彩色电视机,因为公有财产要花在更加急需的用处上。"而如今,没有人再会限制我买电视机了,就算我想买十台,也全凭我自己决定。"

恩戈地是发展乡村旅游的一个典范,它将创意性的生态农业作为自己的标签性景观,吸引游客,发展旅游。在情趣盎然的植物园里,恩戈地盖起了二百多个度假小屋。小屋分为三个等级,尽管都是平层小屋,开门即是花园。普通房看上去已经相当舒适,里面配有浴缸、电视、冰箱和咖啡区。稍微高级一点的在装修上更具情调,装饰着当地艺术家的画作。最高等级的迷你套间显得高雅和富有浪漫气息。供不同层次旅游者挑选。

在恩戈地基布兹的西南角，仍然保留着一座能够容纳数百人同时进餐的大食堂，这是参观者用餐的地方。

恩戈地基布兹由于其独特的地理位置，以及与周围地理景观的巨大反差，再加上成功的转型，成为参观者的打卡地。2000年，江泽民总书记在访问以色列时曾专程去那里参观。

以恩戈地为代表的基布兹的渐进改革，不一刀切，也正体现出犹太人注重实用的民族特质。恩戈地的昨日和今日，透露出基布兹制度在以色列的变迁，更映射着整个国家在经济、政治、社会等方方面面的演进。"享受宁静的乡村生活和平等的人际关系"，是生活在恩戈地的人对"为什么愿意生活在基布兹"的提问做出的最多回答。

从这一点来看，基布兹仍然是有生命力的。

恩戈地的经验告诉人们，"基布兹的生机和未来还体现在它能够为那些不满意大城市的杂乱喧嚣，希望'享受宁静的乡村生活和平等的人际关系'的人提供一个安乐之地"。在如今高度发达的社会经济条件之下，以色列的城市和农村在基础设施、生活品质等方面其实并没有太大的差异，人们做出的选择很可能是出于对生活方式的偏好。现如今，选择生活居住在基布兹里的犹太人过得舒适自在、开心快乐，就是对基布兹运动的最佳肯定！

二　莫沙夫
合作互助模式

以色列现代农业的创新除了表现在基布兹运动上，莫沙夫运动也是一项极具特色的农业组织形态方面的创新。

虽然莫沙夫实行的也是一种集体制，成员聚集生活在一起，形成一个定居点式的村落或者居住区，但与基布兹完全不同的是，莫沙夫采用的是家庭合作互助的模式。无论是生产还是生活都以家庭为中心。莫沙夫成员间的互动主要体现在生产劳动合作互助方面，集体负责产品的统一采购和销售，以获得最大利益；同时，负责单个家庭难以承受的大型生产资料的购买，或者属于公共事业项目的开发，如开办学校、医院、诊所等。

历史

莫沙夫最初的出现完全是由社会主义犹太复国主义政党推动的，是为了寻找一种更好地解决日益严峻的犹太移民安置问题的办法和促进犹太人家园的建设。它的出现基本上与基布兹运动同步，可以说，也是19世纪末和20世纪初阿利亚移民浪潮的产物，同时，也向成千上万犹太移民提供一种不同于基布兹集体化的生活、生产模式。

第一个莫沙夫出现在以色列北部加利利地区的传统粮食生产地区——耶斯列谷，取名"纳哈拉勒莫沙夫"，正式成立的年代为1921

年。不过，纳哈拉勒莫沙夫是由一个松散定居村（被称为"莫沙瓦"，Moshavot，即由个体农民组成的村落）演变而来，是后来成为以色列执政党的"工党"（Mapai）直接推动的结果。在建立的过程中，原先松散生活在一起的个体村庄变成了一个联系紧密、命运与共的农业社区团体。

莫沙夫从一开始就被定性为以家庭为单位的合作农业组织。用今天的眼光看，可以视之为农业合作社。不过，传统意义上的合作社通常专注于单一功能（商品生产、社会保护、团购商品、提供农业设备等），而莫沙夫则将所有这些功能结合在一个小村庄类型的自治机构组织内。数十户人家互助合作经营是它的"灵魂"、要义。

与基布兹不同，在以家庭为基本单位的莫沙夫，每家每户都有属于自己的住房，有完全归自己自由支配的土地，自己能够独立决定在田里种植何种庄稼，而且全家人生活在一起。不过，在使用机械耕种方面则依靠集体合作的力量，大家共同出资购买大型农机产品，共同使用。在生产上开展互助合作。在需要时，你到我的地上干活，我到你的土地上劳动。集体负责村子里的所有公共事业，在产品购买和销售上集体统筹处理以降低成本，获得最佳的优惠价格。莫沙夫的体制能够切实保障成员在耕种自己的田地时有充分的自由，同时又有一个合作的制度来提供互助。完全可以说，莫沙夫既保持家庭个体的独立性，也具有集体化的优越性，是一种个人与集体结合的生活生产模式。

莫沙夫的历史大致可分为三个阶段。

1921年至1930年是莫沙夫运动的兴起阶段。此时的巴勒斯坦地区已经由英国托管，成千上万的俄罗斯犹太人为躲避不断爆发的革命和战争，同时，在犹太复国主义的影响下，选择巴勒斯坦地区作为自己的移民目的地。初来乍到的拓荒者十分需要一个可以帮助他们迅速扎下根、开始故土新生活的集体。尽管基布兹也是一个可以依靠的集体，但由于这批人并不钟情于社会主义式的集体化生活，希望保持自己的小家庭，莫沙夫应运而生，并很快在不少地方铺开，形成了能够较多较好吸纳来自东欧犹太移民的运动。

1931年至1948年是莫沙夫运动的发展阶段。犹太复国主义和阿利亚回归潮在这一时期达到顶峰。这是一个动员和组织回归移民创办以互助合作模式为主的莫沙夫的伟大时代。莫沙夫的数量大幅度增加,与基布兹一道,成为安置犹太移民和为聚集复国大业力量的最佳组织。

1949年至1990年是莫沙夫的稳定增长阶段。由于第一次中东战争,有60万原来祖祖辈辈生活在新生以色列国周边阿拉伯国家的犹太人遭到驱逐,不得不作为难民而来到以色列。为了尽快安置这批人数众多的难民(以色列建国时的犹太人口也只不过60万),以色列政府大力鼓励建立新莫沙夫。在1967年的六日战争后,以色列控制下的土地突然翻倍,为了保障安全,政府将到手的土地更多地交给莫沙夫运动,于是一系列新的莫沙夫作为定居点在绿线两侧同时建立起来,构成了国家的一道安全屏障。莫沙夫的数量因而增加。

不过,1990年代以来,莫沙夫也受到世界范围内私有化思潮的影响和冲击,面临过各种各样的危机和挑战。在以合作经营及统一供销为原则的莫沙夫中一度出现去合作化和独立经营的现象,也使得莫沙夫运动进入了一个停滞时期。现在该危险时期应该说已过去。莫沙夫的前景在可预期的未来仍然是美好的。

章程

莫沙夫与基布兹出现的机制完全不同。基布兹基本上是自发的,由个人(几个志同道合者)所创,创建之初并无任何章程规划,所有的原则、制度、规划、章程都是在成立后逐步形成或制定的,然后为人们所接受,可以说是一种"摸着石头过河"的过程。而莫沙夫则是由犹太复国主义运动直接推动的,事先设计好章程,然后照章组织创办。

最初,莫沙夫章程的主要条款如下:

1. 每家每户都需要亲自劳动,不允许雇工代劳。土地不允许出售或承包给他人。

2. 除了务农者,技术熟练的工人、艺术家、教师等专业技术人士也可以成为莫沙夫的终身成员。

3. 组成一莫沙夫的最低数量不得少于 50 户，最高数量也不得多于 100 户。

4. 在莫沙夫内，每个成员都有权按照自己的意愿利用属于自己的土地，安排自己的工作。

5. 每个莫沙夫应该根据大多数成员的决定和选举成立属于自身的公共机构，处理诸如生产、教育、卫生、经济方面的事务。

6. 每个成员缴纳同等的税金（相当于管理费），用于支付教育、卫生方面的公共开支。而经济服务的费用，则按照各家各户的实际占用需要支付。

7. 每个莫沙夫必须建立一个互助机构，负责照看其成员的生老病死，在出现家庭意外、经济困难时开展互助，或组织救助。所有成员都必须参加互助活动。

该章程实际上规定了莫沙夫组成的基本原则：成员在耕种自己田地的问题上有充分的自由，同时有义务通过互助合作制提供互助性的合作。此后出现的莫沙夫的运作基本上都遵循这一章程规定的原则。

土地

莫沙夫作为一种农业组织形态，土地自然是第一要素。所有回归犹太故土的移民均无土地，许多人来到以色列故土完全是"赤手空拳"。莫沙夫的土地，在以色列建国前，主要是由相关犹太复国主义机构购买提供；以色列建国后，则主要由国家提供划拨。这时的大部分土地基本上都是无主的（没有具体的拥有人），莫沙夫需要组织人力自己开发荒地。与基布兹一样，莫沙夫对获得的土地，无论什么样的土地，只拥有使用权，土地的所有权仍然归国家。因此，土地是不允许出售或转让的，国家以此确保土地的所有权不会旁落。

从法律上讲，国家划拨给莫沙夫的土地实际上是无偿租赁的，期限为 49 年，莫沙夫并不需要支付任何租金费用。租赁到期后基本上是自动延续下一个 49 年。获得土地的莫沙夫则根据最初组成该莫沙夫的家庭的人口数量进行分配，犹如"分田到户"。不过，这样的做法是一次性的。倘若莫沙夫因故解散，土地必须交还给国家。

获得土地的家庭可以将其视为自己的"农场"，可以利用得到的土地开展自己偏爱的任何形式的生产性经营。不过，家庭对土地也只是拥有使用权，尽管可能是永久性的权利，但土地是禁止出售的。

同样被禁止的还包括对土地的进一步分割。由于莫沙夫是以家庭为单位，通常会有两代或三代人共同生活在一起。子女有权继承家庭最初获得的土地使用权，但只能由一名子女继承，不可以在多名子女中进行分割。未获继承权的子女可以继续与继承者生活在一起，但仍然被视为"一个"家庭。如果分开生活，就必须离开自己生活长大的莫沙夫，外出另谋生计，以确保土地不再进一步分割。这一做法最主要的考量是，如果不断分割，每户拥有的土地可能因面积过小而不能养活一家人。

部分莫沙夫会雇佣一些分家的成员作为莫沙夫中的拖拉机手、教师、医护人员、店员和会计等职业人士。尽管这些人仍然可以被视为莫沙夫的成员，但由于不再拥有土地，他们不再享有土地可能产生的红利。

生产和生活

传统上，在莫沙夫中，绝大部分的生产活动都由家庭成员自行从事和完成。对农田的日常管理也是如此。因此，小型农具都是各家自备和拥有，包括早年用于生产的牛马牲畜都是私人拥有。如果他人需要，可以通过调剂的方式，有偿"借用"。

莫沙夫中的合作互助最初主要体现在机械的使用上，特别是大型机械的使用和集体项目的建设上。例如：在使用拖拉机耕种时，莫沙夫的相关管理委员会会统一安排调度拖拉机的使用，依照不同的时间在不同成员的土地上耕作。在施肥、收割等生产活动中如果使用机器也是如此。不过，由于农业生产现在已经基本上实现机械化，属于各家各户的土地也已连块成片，成员的田间劳动主要由莫沙夫的专门委员会统一调度和安排，不再分你我，形式上已经集合在一起了。

由于土地有明确的划分，土地上的收获也就有明确的归宿，是谁家的土地，收获就归谁家。虽然理论上每个莫沙夫社员在自己的土地上种什么由自己来决定，但实际经营中，需要与依照现行市场供需关系制定的全国性指导计划相衔接，在这一框架下，从自身的实际情况出发选择各种种植和养殖计划。相近连成一片的农田通常种植同样的庄稼，以便于机器的播种和收割。收获的庄稼通常是统一运到市场上出售。而出售所得则按各家各户土地的面积（资本收入）和出勤量（多劳多得）分配到户。莫沙夫中"按劳分配"的原则在这里得到了体现。

现在莫沙夫中绝大多数生产活动早已以专业化生产为主，如奶牛、家禽饲养，粮食、大棚蔬菜和花卉种植等均产业化。农业生产也早就不是莫沙夫经济收入的主要来源，莫沙夫的工业、服务业办得欣欣向荣。成员的收入，除了农业生产性收入，开始向"薪酬"形式转化。

莫沙夫中的生活是典型的家庭式，不像基布兹那样同吃、同住，而是各家各户自行安排自己的日常生活，包括做饭、带孩子、清洗衣物等，与传统家庭生活无异。住房的大小、风格、样式由各家自定、自建，建成后自我管理。不过，在教育、医疗、保健、文化娱乐、保险，乃至获得银行信贷方面的需求属于集体性的事务，由莫沙夫集体统一提供。

莫沙夫的集体社交生活是围绕"俱乐部会馆"进行的。"俱乐部会馆"类似现在在美国犹太人社区普遍建设的"犹太社区中心"（Jewish community center），通常有一个大型会馆，其中可以包括会堂、图书馆、社交大厅（可以放电影、做报告、举行舞会、举办婚礼等庆典、庆祝各种犹太节日）。犹太人世代相传的习俗，在莫沙夫中得到遵循，并被发扬光大。

早期的莫沙夫和基布兹一样，特别注重安全问题，尽量将成员的住宅建造在一起，或者非常靠近，形成一个村落。有的还在村落四周加上护栏，或者砌上石墙。

莫沙夫的生活使得生活在那里的人可以确确实实地感到个人的产权得到承认和尊重，个人的劳动得到合理的回报，每个人都真正拥有决策权，而周到和及时的公共服务使得人们同时感到了集体的温暖。"令人心情舒畅"应该说是对莫沙夫生活恰如其分的描述。

管理

与基布兹一样，莫沙夫是一个完全自治的组织，实行自我管理，政府管理部门从不介入。莫沙夫成员都是自愿加入，而且可以选择退出（不过，退出者不可带走土地，必须将土地交还莫沙夫）。莫沙夫的优越性之一是设立管理层，统一销售农场产品，并向成员提供现代农业生产技术和设备。

莫沙夫的管理机构是它的理事会。理事会由全体成员民主选出。每个成员都有选举和被选举权。由于以家庭为单位，再加上莫沙夫本身对规模有一定的限制（每一个莫沙夫的成员数维持在60—79户），因此，理事会的规模不大，通常为5—7人。选举产生的理事会负责管理莫沙夫的总体运转，尤其是公共事务，因此有较多的决策权。不像基布兹实行广泛的民主，莫沙夫中的大多数事务不需要通过全体投票表决，理事会就可以做出决策。理事会主席权力相对较大，责任也大，不过，理事会成员都是有薪酬的。

理事会通常下设数个委员会，分管相关具体事务，如劳动委员会负责集体劳动的安排、农业机械的使用顺序和调配；财务委员会负责会计事务，包括成员产品出售后的收入分配、预算开支的使用和清算、银行的借贷业务等；而行政委员会负责公共用房的管理、物资的采购和产品的销售；公共事务委员会则负责莫沙夫中一切公共事务的安排和运转，确保莫沙夫成员能够得到良好的公共服务。作为"生产者的合作社"，莫沙夫负责各个成员产品的收购和销售，并负责把产品在市场上以理想的价格销售出去。

以色列莫沙夫运动有自己的全国性组织——莫沙夫联合会，各莫沙夫都是其成员。联合会作为服务性管理机构，在服务各莫沙夫方面做得非常好，确保莫沙夫成员的正当利益得到维护。例如成立莫沙夫中央销售合作社的主要宗旨是帮助所有产自莫沙夫的产品能够卖出理想的价格，使莫沙夫成员增收。这样的做法使得成员有了切切实实的获得感，莫沙夫因此成为成员心目中值得"依靠"的组织。

成员费与财政保障

由于莫沙夫内的教育、卫生医疗、文化娱乐、安全、保险等方面的事务均属于公共事业，由集体负责统筹办理，而莫沙夫自身没有任何资金来源，尽管在建立之初会得到国家一部分一次性的资金支持（主要是用于公共用房的建设和成员开始阶段的生活补贴），因此必须有一个经费来源保障机制。为此，莫沙夫从一开始就制定有缴纳成员费（membership due）的规定。在章程中，用的是"税金"的表述，以表示成员费是必须缴纳的费用。

莫沙夫的税金按家庭征收，对于所有家庭都是平等的。每年具体缴纳的数量依据实际开支按户平摊。收到的税金主要用于莫沙夫的公共事业开支和管理人员的薪酬。由于税金是在产品销售后的收入中直接扣取，因此基本上不存在收不上来的问题。

在享受公共服务方面，莫沙夫体现出集体的优越性。所有公共服务产品完全是按需向全体成员提供，充分体现莫沙夫的互助精神。譬如病人的医疗费用完全由集体承担，不会造成病人家庭的沉重负担。文化娱乐、节日的庆祝也从不以人数计算，而是人人都可以参加和享受，这其中也包含福利的成分。

成就和贡献

由于莫沙夫式的生活是绝大多数回归以色列牧土犹太移民所熟悉的和习惯的，因此，莫沙夫一经创立就引起犹太拓荒者的莫大兴趣，并很快受到移民的欢迎。这是莫沙夫运动能够吸引众多移民和广泛开展的原因所在。

莫沙夫在吸收新移民和发展农业方面所起的作用并不逊于基布兹。例如，据1941年底对巴勒斯坦地区犹太农业定居点的统计数据显示，当时有94个莫沙夫，人口24820人，而基布兹只有87个，人口23190人。莫沙夫向社会提供的农产品也远超其人口在社会人口中所占比例。

市场经济条件下，农户家庭经营规模较小、生产经营较为分散，农产品市场上信息不对称，因此往往造成农业生产经营交易成本过大。在少雨缺水的以色列建立现代农业的过程中，要保证有稳定的灌溉用水就必须打井。然而初期的投入是惊人的，仅仅用机械的力量打一个灌溉水井大概需要花费5000到10000美元，当时单个农户根本承担不起，必须依靠集体的力量。在机械化过程中，现代机械成本高，个体使用率有限，导致个体农户无法或者很难进入机械化时代。所有这一切使个体农户难以适应市场经济发展的要求。小生产与大市场的矛盾，客观上需要一个中介组织。而莫沙夫的出现实际上扮演了这样一个角色：为莫沙夫成员的生产和生活提供综合化、社会化服务，努力为成员谋求最大利益，满足其经济和社会需要。过去的一百年，莫沙夫能够不断发展壮大靠的就是这一点。

此外，莫沙夫尽管在总体上是一个以家庭为中心的社会组织形态，但绝没有造成成员割裂和交往缺失的局面。事实上，互帮互助式的劳动以及俱乐部会馆机制将所有人联系在一起，开创了一种"社区精神"式的生活。成员在自己家庭中保持其"个性"的同时，关心集体，互帮互助，人人都关心莫沙夫作为一个"大家庭"的福祉和成功。无论面临什么样的问题，生活在那里的人总能得到集体的帮助。"互帮互助"精神作为莫沙夫的"灵魂"，时时处处都在体现。

不是结语的结语

　　从 20 世纪初到现在，基布兹和莫沙夫，这两种具有创新性的农业组织模式，都走过了自己的第一个百年历程。集体化生活和按需分配原则作为基布兹体制的核心，而家庭式生活和按劳分配的原则作为莫沙夫模式的准则，均得到了贯彻和检验，在灵活务实的策略下，展现出自身的魅力。需要指出的是，犹太人在以色列开创的这两种农业模式都不是舶来品，或者出于外界的强迫，而是出于完全的自愿和个人的选择，是扎根以色列大地的模式，在总体上经受住了资本主义市场经济大环境的考验，不仅生存下来而且获得了发展。

　　当然，面对 21 世纪出现的新形势和新变化，基布兹和莫沙夫模式都在进行自身的改革，但毫无疑问，它们现在依旧面临着许多问题，若是想进一步砥砺前行则需要有更高的智慧和不断创新的思维。然而，作为人类历史上出色的共产主义和互助式集体主义的尝试，无论是基布兹，还是莫沙夫，都仍然吸引着人们去探索、去思考。

参考文献

[1] 哈伊姆·格瓦蒂：《以色列移民与开发百年史（1880—1980）》，何大明译，中国社会科学出版社，1996年。

[2] 丹尼尔·戈迪斯：《以色列：一个民族的重生》，王戎译，宋立宏校，浙江人民出版社，2018年。

[3] 徐新、凌继尧主编《犹太百科全书》，上海人民出版社，1993年。

[4] 徐新：《基布兹——现实生活中的乌托邦》，载潘光、金应忠主编《以色列·犹太学研究》，上海社会科学院出版社，1991年，第172—190页。

[5] 张平：公众号"平行逻辑"。

附录 1

中以交往一枝春

2022年1月24日是中国和以色列建立大使级外交关系的30周年纪念日。在过去的30年，中以关系已经发生了翻天覆地的变化，两国交往经历了前所未有的发展阶段。不仅如此，早在2017年，中以就正式为两国关系定位，确立了"创新全面伙伴关系"，以创新为抓手，推进两国关系稳步向前发展。沉浸在喜悦之中的我，思绪禁不住回到建交之前的1988年。

那年的6月22日，当美联航从芝加哥直飞以色列的航班在本-古里安机场降落时，我即刻意识到自己的一个梦想成真了。与此同时，自己也在不经意间创造了一项无人可以打破的中以交往史记录：成为中国与以色列正式建立大使级外交关系之前第一位应邀访问以色列并即将在希伯来大学公开发表学术演讲的中国学者。当时的激动心情至今难忘，尽管在那以后我又先后十余次造访以色列，每次访问都有不小的收获，但1988年的访问毕竟是我第一次踏上以色列国土，第一次来到中东地区，第一次走到了亚洲的最西端，第一次如此近距离贴近以色列社会。

为什么得以在彼时造访以色列？如何在中以没有任何正式外交关系的情况下获得访问以色列的签证？我眼中看到的以色列是一个什么样子？此行对我的学术生涯会造成什么样的影响？

坦率地讲，希望有机会访问以色列的想法与我此前两年在美国的经历有着密切的关联。

我第一次走出国门是 1986 年夏，那是我在南京大学工作的第 10 个年头。与彼时绝大多数出国人员不同的是，我去美国并不是留学，而是到美国的大学（芝加哥州立大学）执教。在机场，我受到芝加哥州立大学英文系主任弗兰德教授（Professor James Friend）的亲自迎接。在驱车进城的路上，他热情地告诉我他和他的夫人决定邀请我住到他的家中，希望我能够接受他们的这一邀请。这当然是一件喜出望外的事，尽管我在之前与他的通信中（当时由于尚未有互联网，人们之间的联系主要依靠书信。而一封信件的来回大约需要一个月到一个半月）提及希望他能够帮助我在学校附近租一个房子，因为芝加哥州立大学在决定聘用我的信中明确表示学校不提供住处，必须自行解决住房问题。

弗兰德教授是犹太人，1985 年秋，根据南大－芝州大友好学校交流协议曾来南大英文系任教。当时我是南大英文专业的副主任，除了行政方面的工作，还负责分管在英文专业任教外国专家的工作，因此与弗兰德教授有较为密切的接触，结下了深厚的友谊。实际上，我收到去芝州大教书的邀请就得益于他的推荐。他的夫人也是一位在大学教书的犹太人。他们的两个女儿当时已大学毕业离开了家，家中有空出的房间供我使用。能够住在他家中，显然为我这个初来乍到的人在美国生活开启了一个良好的开端，我没有丝毫犹豫就欣然接受。事实证明，由于是与一位熟悉的人生活在一起，我非常顺利地开始了在一个陌生国度的生活，没有经历绝大多数人都不可避免会在开始阶段感受到的文化冲击（culture shock）。我不用准备任何生活用品和油盐酱醋方面的物品，早晚餐和他们一起用，而且到学校教书，来回都搭弗兰德教授的便车（当然我当时尚不会驾车）。更为重要的是，生活在弗兰德的家中，不仅让我感受到家的温馨，认识和熟悉了他们的所有亲朋好友，而且与当地犹太社区有了广泛的接触。现在回忆起来，和他们生活在一起，简直就是以前所未有的方式"沉浸"在犹太式的生活之中，为我提供了一个了解犹太人和体验犹太式生活不可多得的绝佳机会。

在与犹太人交往的过程中，我对以色列这个世界上唯一的犹太国家开始有了新的认识：以色列不再只是依附于世界头号强国、不断引发周边冲突的暴力形象，而是一个为所有国民提供归属感的崭新国家。在那里，犹太民族成为主权民族，其传统不仅得到了很好的传承，而且不断发扬光大。我逐渐了解到古老的希伯来语早已在那里得到复活，成为以色列社会的日常用语，使用现代希伯来文进行文学创作的阿格农早在1966年便获得诺贝尔文学奖；基布兹作为以色列实行按需分配原则的农业形态一直生机勃勃，吸引了世界的目光。更重要的是，以色列被视为是世界上所有犹太人的共同家园。

新的认识使得我有了希望能够去看一看的想法。或许是那两年与众多犹太人有过频繁交往，或许是我在犹太社区做过一系列讲座的缘故，熟识的犹太朋友主动为实现我的这一愿望牵线搭桥——终于，在我决定回国履职之际，我收到以色列著名高等学府希伯来大学和以外交部的共同邀请，邀我对以色列进行学术访问。邀请方对我提出的唯一要求是希望我能在希伯来大学做一场学术演讲，题目由本人决定。

根据安排，我有十天的访问时间。到达以色列时，我荣幸地受到以色列外交部的礼遇。中以建交后担任以色列驻华大使馆政治参赞的鲁思（Ruth）到机场接机，并陪同前往耶路撒冷的下榻饭店。具体负责我在以访问活动的是希伯来大学杜鲁门研究院院长希罗尼教授（Professor Ben-Ami Shillony）。次日上午，希罗尼教授如约来到饭店，与我见面。寒暄后，他递上了一份准备好的详细访问日程，并表示我有什么要求可以随时提出。

访问从驱车前往希伯来大学开始。在那里，我们除了参观了解希伯来大学，还重点参观了解了杜鲁门研究院，并参加了当日下午在杜鲁门研究院举行的研究院新翼图书馆落成揭幕式。由于新翼图书馆是美国人捐款建设起来的，美国驻以色列大使一行专程前来参加揭幕式。主宾的衣着令我印象深刻：以方的出席人员个个着西装领带，而美方人士则个个着休闲便装。而我事先了解到的以色列着装习俗应该是这样的：以色列人以随意著称，很少着西装打领带。可今天，出于对嘉宾的尊重，以方人员个个着西装打领带出席；而通常以正装出席揭幕式这类正式活动的美国人，为了表示对以色列人的尊重，特意着便装出席。彼此都为对方着想，表明两国不同寻常的亲密关系。

在接下来的参访中，几乎每一项活动都令我思绪万千，对我日后的学术研究产生重要影响。譬如，在参观了大屠杀纪念馆后，我在接受《耶路撒冷邮报》的采访时，说了这样的话：现在我终于明白犹太人为什么一定要复国。《耶路撒冷邮报》第二天报道了这一采访。对反犹主义的研究从此成为我学术研究的一个主攻方向。我不仅出版了《反犹主义解析》和《反犹主义：历史与现状》等专著，发表若干论文，而且在国内大力推动"纳粹屠犹教育"，并作为中国代表出席联合国教科文组织在巴黎召开的"纳粹屠犹教育"国际会议。

在参观了"大流散博物馆"后，我对犹太人长达1800年的流散生活有了更直观的了解，感叹犹太传统在保持犹太民族散而不亡一事上发挥的作用。而博物馆中陈列的"开封犹太会堂"模型和专门为我打印的开封犹太人情况介绍促使我在回国后专程去开封调研，并把犹太人在华散居作为自己的另一个研究方向，其成果是两部英文著作和数十篇相关论文。

穿行在耶路撒冷的老城，我体验到了什么是传统和神圣；行走在特拉维夫，我感受到以色列现代生活的美妙和多姿多彩；在北部加利利地区的考察，令我切切实实地感受到以色列历史的厚重；而在南部内盖夫地区的参观，让我真真切切体验到旷野的粗犷；在马萨达的凭吊，令我感受到什么是悲壮；而在海法的游览，则使我体验到什么是赏心悦目；在基布兹的访问，令我这个曾经在农村人民公社劳动和生活过的人感慨万千——犹太人在农业上的创新做法和务实态度令我不停地发出种种追问，我被基布兹的独特性深深吸引，好奇心使我提出再参观一个基布兹的要求，并得到了满足。

由于我在南京大学最初的10年主要是从事美国犹太文学的研究，在访问期间，我提出希望能够会见以色列文学方面人士的要求，于是我便拜访了以色列文化部，并结识了文化部下属以色列希伯来文学翻译学院负责人科亨女士（Nilli Cohen）。科亨女士是学院负责在全球推广希伯来文学翻译的协调人，我与她建立了工作关系，并一直保持通讯联系。此外，我们还有幸拜会和结识了特拉维夫大学希伯来文学资深教授戈夫林（Nurit Govrin），在向她请教若干关涉现代希伯来文学的问题后，还请她推荐了一些作家和作品。由此，本人对现代希伯来文学的兴趣大增，在随后不到 10 年的时间内，经本人介绍给国内出版界的以色列当代作家多达 50 余位。1994 年，我因译介现代希伯来文学再度受邀出访以色列。在出席以色列举办的"第一届现代希伯来文学翻译国际会议"之际，以色列作家协会为出席会议的中国学者专门举行了欢迎酒会，使我终于有了一个与绝大多数译介过的作家见面的机会。

我必须承认，在初次以色列之行中最触动我心灵的经历是与以色列一系列汉学家的见面交流。老实说，会见以色列汉学家并非出于本人要求，而是以色列接待方的精心安排，因为当时的我压根就不知道，也没有想到，以色列会有汉学家。以色列接待方根据我的身份——一个对犹太文化感兴趣的中国学者，认为安排我会见以色列的汉学家是一项有意义的活动。根据安排，我在特拉维夫大学会见了谢艾伦教授（Professor Aron Shai），他是一位史学家，专攻中国近现代史。我专门旁听了他的中国史课，并与学生进行了简单的交流。谢艾伦后来出任特拉维夫大学的教务长（相当于常务副校长）一职，不仅到南京大学访问过，还热情接待过由我陪同访问的南京大学校长代表团。我在特拉维夫大学会见的还有欧永福教授（Professor Yoav Ariel），他是研究中国古典文化的学者，将中国经典《道德经》译成希伯来文。在希伯来大学，我结识的汉学家有研究中国政治和外交的希侯教授（Professor Yitzhak Shichor），研究中国文化的伊爱莲教授（Professor Irene Eber）。此后我与伊爱莲教授多次在国际场合见面交流，友谊长存（伊爱莲教授于 2019 年与世长辞）。后来（1993 年），在拜会以色列前总理沙米尔时，沙米尔在了解到我当时正在学习希伯来语后，告诉我以色列政府在 50 年代初就安排了一位名叫苏赋特（Zev Sufott）的以色列青年学习中文。尽管在随后的 30 年他一直学非所用，但是当 1992 年中以终于建交后，苏赋特出任以色列第一位驻华特命全权大使。

　　这一系列的会见使我惊叹不已。以色列这么一个小国（当时的人口尚不足 500 万），竟然有多位专门研究中国历史、文学、社会、政治、外交等方面的专家教授，其中有的还享有国际声誉。而就我所知，当时偌大的中国（人口是以色列的近 240 倍），却鲜有专事研究犹太文化者，中国高校亦无人从事犹太文学的教学！这一反差对我的冲击实在是太大了。作为一个在美国有两年时间"沉浸"在犹太文化中的人，出于一种使命感，我在以色列就发誓回去后一定投入对包括以色列在内的犹太文化研究。

　　回国后，我义无反顾投身于犹太学研究，确立了自己新的研究方向、开启一个全新治学领域，同时在南京大学创办了犹太和以色列研究所，组织编撰了中文版《犹太百科全书》，率先向国内学界介绍引入现代希伯来文学，建起了一座英文书籍超过三万册的犹太文化图书特藏馆，召开了包括"纳粹屠犹和南京大屠杀国际研讨会"与"犹太人在华散居国际研讨会"在内的大型国际会议，培养了 30 多名以犹太学为研究方向的硕士生和博士生……进而勾勒出了中国犹太/以色列研究的概貌。

　　回望过往，发生的一切显然过于神奇，只能用"奇迹"来描述。

　　而这一切源于 1988 年以色列的处女之旅。从此，以色列对于我而言，是一个令奇迹发生的国度。

徐新
2022 年岁首

附录2

南京大学黛安/杰尔福特·格来泽犹太和以色列研究所简介

1992年,借中国和以色列国正式建立大使级外交关系之东风,南京大学批准成立一专事犹太文化研究兼顾教学的学术研究机构——南京大学犹太文化研究所。不过,在这之前,南京大学就已经开始对犹太文化进行研究,主要由南京大学学者牵头的学术团体"中国犹太文化研究会"(China Judaic Studies Association)于1989年4月宣告成立,并卓有成效地开展工作。随着犹太文化研究的深入,搭建一个平台(即建立研究所)显得十分重要,而这样的研究机构的出现在中国高等教育系统尚属首次。研究所正式成立的时间为1992年5月,最初名为"南京大学犹太文化研究中心",2001年更名为"南京大学犹太文化研究所"。2006年,为感谢有关基金会和个人的支持,特别是设在美国洛杉矶的黛安/杰尔福特·格来泽基金会的慷慨支持,研究所于是改名为"黛安/杰尔福特·格来泽犹太和以色列研究所",该名称沿用至今。

研究所建立之初确立的宗旨是:更好地增进中犹双方的友谊,满足中国学术界日益增长的对犹太民族和文化了解的需求,推动犹太文化的研究和教学在国内特别是在高校系统的进一步开展,培养这一学术领域的专门人才,以此服务于中国当时方兴未艾的改革开放事业,推动中国与世界的进一步融合。"不了解犹太,就不了解世界"是研究所当时提出的口号,该口号简洁明了地表明这一研究机构成立的动因。

研究所在其30年的历史中成绩斐然，包括：

● 组织撰写并出版首部中文版《犹太百科全书》（上海人民出版社，1993年），该书成为中国最具权威和广泛使用的一本关涉犹太文化的大型工具书（200余万字，1995年获"全国最佳工具书奖"）；撰写并出版包括《犹太文化史》（北京大学出版社，2006年）、《反犹主义：历史与现状》（人民出版社，2015年）在内的著作10余部；组织翻译并出版犹太文化方面的著作20余种；编辑出版"南京大学犹太文化研究所文丛"一套；同时发表各类论文超过100篇。

● 在南京大学逐步开设一系列犹太文化方面的课程，不仅有专门为本科生开设的课程，更多的是为研究生开设的课程。

● 招收和指导犹太历史、文化和犹太教研究方向的硕士研究生和博士研究生。已有30多名研究生在研究所学习，从本研究所获得博士学位的研究生超过15人，大多数学生毕业后在中国各大学执教，讲授犹太历史文化方面的课程。

● 组织举办大型国际学术研讨会，促进中外学者之间的交流和研讨，包括1996年在南京大学召开的"第一届犹太文化国际研讨会"、2002年召开的"犹太人在华散居国际会议"、2004年召开的"犹太教与社会国际研讨会"、2005年召开的"纳粹屠犹和南京大屠杀国际研讨会"，以及2011年召开的"一神思想及后现代思潮研究国际研讨会"。

● 举办犹太历史文化暑期培训班3期，聘请国际犹太学学者授课，受训的中国各高校和研究机构的教师、研究人员和研究生达100人，有力促进了犹太文化教学和研究在国内高校的开展。

● 开展国际合作，先后举办各种类型的犹太文化展近10次，内容涉及犹太历史、犹太文化、以色列社会、美国犹太社团、犹太学研究、纳粹屠犹、犹太名人等，促进了中国社会对犹太历史文化的了解，增进了中犹人民间的友谊。

● 邀请超过 50 位国际著名犹太学者来华、来校进行交流、讲学，演讲场次超 100 场。

● 大力开展对犹太人在华散居史的专门研究，特别是对中国开封犹太人的研究。已发表专著 2 部（英文、美国出版）、论文数十篇，在国际学术界能够代表中国学者在这一研究领域的水平。

● 建立起中国迄今为止规模最大的犹太文化专门图书馆，仅英文藏书就已超过 3 万册，涉及犹太文化研究的方方面面。

● 与若干国际学术机构建立联系或互访，包括美国哈佛大学犹太研究中心、耶希瓦大学、希伯来联合学院、宾夕法尼亚大学、加州大学、布朗大学、以色列希伯来大学、特拉维夫大学、巴尔伊兰大学、本－古里安大学、英国伦敦犹太文化教育中心等。

● 积极筹措资金，为犹太文化研究和教学的开展提供经费支持。除了众多个人捐助，还有许多给予研究所各种研究和教学资助的国际基金会，包括：黛安 / 杰尔福特·格来泽基金会、斯格堡基金会、罗斯柴尔德家庭基金会、布劳夫曼基金会、列陶基金会、犹太文化纪念基金会、博曼基金会、卡明斯基金会、散居领袖基金会等。10 余年运作下来，本研究所的规模不断扩大，收益稳定，每年的收益已经能够确保每年发放奖学金数十份、奖励犹太文化研究领域的师生多名，并为各类学术活动提供经费支持。

需要特别指出的是，积极参加国际学术活动和开展国际学术交流会是南京大学犹太文化研究所学术活动的重要特点。在将国际犹太学者"请进来"的同时，研究所的教师也已大步地"走出去"。研究所的研究人员多次外出访问，特别是美国、以色列、德国、英国、加拿大等国，或在国际会议中宣读论文、交流学术，或担任客座教授讲学授课。据不完全统计，本所研究人员在若干国家发表过的学术演讲已达 700 余场次。此外，研究所每年都会选派研究生前往以色列有关大学进修或从事专题研究。通过这类学术活动，研究所与世界范围内的犹太学术界、犹太人机构及犹太社区建立了广泛而密切的联系，在扩大影响的同时，又推动了研究所各项工作的开展。

南京大学犹太文化研究所因其在犹太和以色列研究领域中取得的成就，已成为中国高校中最早对犹太文化进行系统研究并取得丰硕成果，同时又具有较高国际知名度的一所文科研究机构。